DU

PROBLÈME POLITIQUE

DE

NOTRE TEMPS

PAR

M. L'ABBÉ GUTHLIN

Professeur de philosophie au Gymnase catholique de Colmar.

COLMAR

IMPRIMERIE ET LITHOGRAPHIE DE CAMILLE DECKER

1869

AVANT-PROPOS

L'écrit qu'on offre ici au public est un épisode de la polémique soutenue par divers organes de la presse, lors de nos dernières élections législatives, dans la première circonscription du Haut-Rhin.

Deux candidats étaient en présence. L'un démocratique et radical ; l'autre catholique et libéral ; l'un et l'autre soutenus par un parti actif et puissant.

Dans un manifeste devenu célèbre, le candidat démocratique crut devoir froisser, dès le début et sans provocation aucune, le sentiment des électeurs catholiques, en attaquant le pouvoir temporel du pape et en posant comme un point capital de son programme, que l'enseignement public devait être essentiellement *obligatoire* et *laïque* ; en d'autres termes : qu'il fallait supprimer le *droit d'option* accordé aux municipalités par la loi de 1850, — interdire tout enseignement religieux aux instituteurs de nos écoles publiques primaires, — poser en principe la création des écoles *mixtes* où se rencontreraient les enfants de toutes les confessions — et fermer aux frères et aux sœurs de la Doctrine chrétienne l'en-

trée des écoles communales confiées à leur direction par
le libre choix des municipalités.

Après une lutte de six mois, qui fut peut-être sans
égale dans la France entière, 18,000 voix contre 11,000
firent justice de ce programme en assurant la victoire au
candidat libéral et catholique.

On devait croire que la lutte était terminée. Il n'en fut
rien. Dans un troisième manifeste publié dans divers
journaux, le candidat vaincu maintint ses premières affir-
mations et dirigea des attaques plus vives que jamais
contre le parti clérical.

Selon lui, « le parti clérical est celui qui, s'inspirant
« de la doctrine ultramontaine, sacrifierait au besoin les
« intérêts nationaux au triomphe de cette doctrine. Sa
« pensée intime est de subordonner la société civile à
« l'omnipotence épiscopale et d'arriver au rétablissement
« de l'unité de la foi, au besoin avec le concours du bras
« séculier...... »

« C'est le parti clérical qui entend exercer son con-
« trôle supérieur sur la liberté de la presse, sur l'impri-
« merie, sur les livres dangereux pour la religion, et
« exiger du gouvernement qu'il prenne les mesures né-
« cessaires pour en interdire la propagation. C'est ce
« parti qui, après avoir stipulé que le mariage, l'instruc-
« tion, l'imprimerie et la propriété seront régis selon ses
« volontés, conclut par cette formule générale : que
« l'Etat doit être soumis à l'Eglise comme le corps à
« l'âme, ce qui aboutit à l'asservissement absolu de la
« société civile que la révolution de 1789 a eu pour but
« de constituer et d'affranchir...... »

Ce parti « nous a donné la mesure de sa bonne foi par
« la manière dont il conçoit la liberté d'enseignement,

« entendant la réclamer absolue pour l'Eglise et la re-
« fuser à l'Etat, en ce sens que tout enseignement de-
« vrait être conforme aux doctrines augustes et aux vé-
« rités éternelles dont l'Eglise se prétend unique dépo-
« sitaire, que les évêques jugeraient de l'orthodoxie des
« leçons et des livres, et que la géologie, la chimie, l'as-
« tronomie, l'histoire, etc., relèveraient du dogme. »

Cette thèse devint le fond de la polémique dirigée
contre le parti catholique par le *Journal de Colmar*,
organe du candidat dont on vient de lire les accusations.
Elle est résumée tout entière dans les lignes suivantes
que nous empruntons à ce journal :

« Ce que les cléricaux catholiques veulent, nous le savons par les concordats et par l'Encyclique *Quantâ curâ*
de 1864. »

« Ils traitent de *délire* la liberté de conscience et des
cultes. Ils déclarent que *n'est pas catholique*, quiconque
admet la séparation de l'Eglise et de l'Etat, la liberté
d'enseignement, de la presse, de l'association...... »

« Ce despotisme effroyable, mortel pour les nations
qui le subissent, les cléricaux entendent que les gouvernements leur prêtent leur concours pour l'imposer, au
besoin, par la violence et la persécution. »

Ce qui peut se résumer dans l'argument que voici :

Vous condamnez comme catholique ce que vous aimez
comme citoyen. Vous repoussez comme citoyen ce que
vous respectez comme catholique. Catholique, vous devez
répudier les principes de notre constitution et les libertés
de notre pays. Citoyen, vous ne pouvez accepter les enseignements de votre foi. La question se pose donc entre
vos convictions politiques et vos principes religieux,

entre votre patriotisme et votre conscience. Entre ces
deux, pas de milieu, et il faut choisir.

Tel est le dilemme qu'on nous oppose. Ce dilemme —
qui ne le sait? — se rencontre à chaque pas et sous les
formes les plus diverses, dans les mille organes de la
publicité contemporaine. Il est devenu l'arme que ma-
nient de préférence tous ceux qui veulent combattre l'influence du catholicisme dans la société moderne. Nos
adversaires le considèrent comme invincible et il trouble
la conscience d'un grand nombre de catholiques. Toute
entente, dit-on, entre l'Eglise qui condamne les libertés
modernes et la société qui veut les garder est désormais
impossible, et comme la société gardera ses conquêtes,
comme elle ne retournera certainement pas vers un passé
qui est mort et qui ne ressuscitera plus, comme il n'y a
pas, dans l'histoire du monde, un seul exemple d'un pa-
reil retour, la cause est jugée et l'on voit d'avance les
destinées que se prépare l'Eglise.

Entre l'Eglise, ajoute-t-on, et la constitution politique
de tous les peuples civilisés, il y a désormais un abîme
infranchissable, un divorce éternel, et s'il en résulte des
maux dont nul ne peut calculer la portée, ce sera tant
pis pour vous, car vous l'aurez voulu.

Cette erreur, on ne peut le nier, est le plus grand danger de notre temps. Pour s'en convaincre, il suffit de
s'initier à la polémique des opinions et des partis, non-
seulement sur le terrain abstrait de la controverse spécu-
lative, mais sur le terrain pratique des luttes électorales.
Qu'un député catholique s'avise, par exemple, de répudier, à la tribune législative de notre pays, les principes
de liberté inscrits dans la constitution et dans le sénatus-
consulte, devenu, depuis l'interpellation des 116, la base

de nos institutions , et il verra quelle part d'influence lui
restera sur l'opinion 'du pays et sur les décisions de la
Chambre. Par le fait seul de cette répudiation, ce député
se serait politiquement annihilé et mis dans l'impuissance
absolue de rendre le moindre service à la cause qu'il
voudrait défendre. Qu'un candidat catholique se passe la
fantaisie de condamner ces mêmes principes dans la profession de foi qu'il adressera à ses électeurs , et l'on
pourra lui prédire d'avance l'accueil qui sera fait à ses
déclarations. Sa candidature échouerait misérablement
devant le verdict du suffrage universel. On ne saurait
donc rendre de plus grand service à la cause catholique,
que de repousser l'erreur que nous avons signalée plus
haut et que les ennemis de l'Eglise exploitent avec tant
d'insistance contre nous, parce qu'ils savent qu'eux seuls
en profitent et qu'ils ont tout intérêt à la perpétuer. C'est
dans ce but que les pages qui suivent ont paru une première fois dans la presse périodique, en réponse aux objections formulées dans les circonstances déjà indiquées.
C'est dans ce même but qu'on les offre ici au public, en
réponse aux imputations du même genre qui se rencontrent
dans les écrits de tous ceux qui veulent combattre et
compromettre l'influence de la religion et l'avenir de
l'Eglise.

DU PROBLÈME POLITIQUE

DE NOTRE TEMPS

I.

Grandeur et importance du problème.

Les doctrines politiques ont de tout temps fixé l'atten-
tion des esprits les plus éminents et les plus profonds.
Historiens, philosophes ou théologiens, presque tous ont
agité avec plus ou moins d'éclat, avec plus ou moins de
bonheur, les graves et difficiles questions dont se com-
plique le gouvernement des choses humaines. Platon leur
a consacré ses dialogues de la *République* et des *Lois*,
Aristote sa *Politique*, Cicéron son traité *de Republica et
de Legibus*. Les théologiens les plus illustres, Saint-Thomas, Suarez, Bellarmin, ont posé et résolu ces mêmes
questions avec une rigueur de principes, une largeur de
vue, une assurance de doctrine que les anciens n'avaient
point connues et qui n'ont pas été surpassées depuis.
Plus tard nous trouvons Bossuet et Fénelon chez les catholiques, Bacon, Loke et Leibnitz parmi les protestants,
soumettant les mêmes problèmes à leur patiente analyse
et à leur puissante appréciation. Au dix-huitième siècle,
nul ne l'ignore, la politique fut la préoccupation habi-

tuelle des économistes, des philosophes et des publicistes
en renom. Avec la révolution française, nous la voyons
descendre dans la foule. L'ignorance même ne recula plus
devant la solution de la grande énigme, et le fanatisme de
l'anarchie en donna le dernier mot dans les théories
étranges que chacun connaît et dont l'ineptie ferait sourire le monde, si elle n'avait eu le fatal privilége de le
faire trembler.

De nos jours, malgré la confusion des idées, malgré les
clameurs des partis, malgré les démentis de l'expérience
et le découragement profond qui suit les espérances
trompées, les esprits les plus fermes et les plus hauts
s'emploient avec une infatigable ardeur à recueillir les
enseignements de l'histoire, à dégager de l'enveloppe mo-
bile des faits les principes éternels qui les dominent, à
retirer, si je puis le dire, du sein des ruines, les éléments d'ordre, de liberté et de stabilité qui serviront à
élever l'édifice de l'avenir. Nous n'avons à juger, en ce
moment, ni les procédés, ni les résultats de ce travail.
Qu'il nous suffise de le constater. Qu'il nous suffise de
dire qu'il se rattache aux plus nobles traditions du passé
et que l'importance de son objet explique l'attrait souverain qu'il exerce sur les plus grands esprits de notre
temps.

L'homme, en effet, appartient, comme être physique et
moral, à une double société : la société du temps et celle
de l'éternité. Bien qu'étroitement unies sur terre, chacune a cependant sa sphère distincte. Chacune repose sur
des principes, des lois, des destinées et des devoirs qui
lui sont propres. L'une a pour fin le bien social de l'humanité, l'autre la félicité éternelle de l'homme. L'une
règle nos rapports civils avec nos semblables , l'autre

nos rapports moraux avec Dieu, le prochain et nous-
mêmes. La constitution et les lois de la première, sont
l'objet de la politique ; la constitution et les lois de la
seconde résultent de l'action harmonieuse de la religion
et de la philosophie, de la révélation et de la raison. Intérêts politiques et religieux, qu'y a-t-il dans l'homme
et dans l'humanité, qui ne se résume, pour ainsi dire, en
ces mots ? Et s'il en est ainsi, qui pourrait être assez
ennemi de soi-même, assez oublieux de sa dignité et de
son avenir, pour rester indifférent à ces immenses et dé-
cisives questions ?

Non, si insouciant qu'on soit de tout le reste, il n'est
donné à personne de se renfermer dans une incurable
apathie, quand il s'agit des conditions essentielles de son
bonheur. Non, le ressort le plus impérieux de notre nature nous presse de rechercher les moyens qui peuvent
assurer le mieux, dans la patrie du citoyen et dans la patrie supérieure de l'homme et du chrétien, notre félicité
personnelle et la félicité de nos semblables. Or, pour ne
parler ici que du problème politique, n'est-il pas évident
que le bon ordre et la paix des états, le bien-être et la
prospérité des peuples, l'harmonie de l'autorité et de la
liberté, le progrès des sciences et des arts, la perfection
des lois et des mœurs, la stabilité des institutions et des
empires, les intérêts même de la religion et de la conscience dépendront de la solution bonne ou mauvaise qui
sera donnée à l'éternel problème dans le double domaine
des idées et des faits, des hommes et des choses ? Faut-il
s'étonner dès lors de l'importance qu'on a accordée de
tout temps à l'étude d'un si grand objet ? Faut-il s'é-
tonner que, de nos jours surtout, les préoccupations politiques et religieuses dominent toutes les autres, et se tra-

hissent, quoi qu'on en ait, dans toutes les manifestations possibles de la pensée contemporaine ?

Oui, il faut le dire. Les temps ne sont plus où les institutions sociales se maintenaient debout, sans se ressentir, en quelque sorte, de l'injure des hommes et des siècles. Une révolution prodigieuse a renversé de fond en comble l'édifice du passé. Des passions nouvelles et de nouvelles aspirations se sont précipitées, avec une ardeur fébrile, vers un avenir mal défini, plein d'un étrange mystère. Dans la confusion produite par la soudaineté des événements, les uns ont continué à errer autour des ruines du vieil édifice, d'autres ont élevé, le long de la route, des tentes éphémères où, à peine, ils ont trouvé le gîte d'une nuit ; les plus courageux ont essayé de relever, parmi les débris du passé, ceux qui pouvaient entrer dans le plan de la société nouvelle. Mais où trouver, pour un tel dessein, l'entente des esprits et l'union des volontés ? Comment se reconnaître dans cette foule ardente, divisée par des haines implacables, entraînée par des intérêts opposés, qui n'avait plus la même foi, qui ne parlait plus la même langue ? Quelle réconciliation espérer entre les vainqueurs du jour et les vaincus du lendemain, entre les spoliateurs et les spoliés, entre les persécuteurs et les victimes ? D'un côté, le regret de ce qui était ; de l'autre, le fanatisme de ce qu'on voulait qui fût. Entre les deux, le conflit des croyances, des sentiments et des mœurs ; une défiance mutuelle qui avoisinait la haine ; une inimitié profonde à laquelle les événements pouvaient bien imposer silence, mais qui n'attendait qu'une occasion pour éclater de nouveau ; l'état de guerre, en un mot, succédant tout d'un coup à l'antique union des esprits et des cœurs. Et c'est avec ces éléments mêlés, avec ces forces bouleversées et hostiles qu'il s'agissait de reconstituer l'ordre social. C'est sur ce sol mouvant qu'il fallait bâtir, et cela au lendemain de la plus prodigieuse perturbation qui ait jamais déraciné tout ce qui faisait la vie d'un peuple. Certes le problème était difficile à résoudre ; jamais encore il ne s'était présenté dans des conditions aussi redoutables pour ne pas dire aussi insolubles. Eh bien, le problème a-t-il été résolu ? L'est-il à l'heure qu'il est ? C'est ce que nous allons examiner.

II.

Difficultés du problème.

Et d'abord, pour être juste envers notre siècle, nous avouerons sans peine qu'il a amorti certaines passions, calmé certaines amertumes et certains regrets, mis en relief certaines vérités, multiplié certains points de contact et dégagé de l'ensemble des événements certains intérêts communs, sur le terrain desquels tout le monde paraît se rencontrer et s'entendre. Qu'on se garde toutefois de s'en laisser imposer par de trompeuses apparences. Au fond des âmes subsiste toujours un antagonisme vivace et profond. Les partis politiques sont toujours en présence : la lutte est à l'ordre du jour. On ne s'entend ni sur les principes, ni sur le but, ni sur les moyens; et la difficulté subsiste dans toute sa formidable grandeur.

En veut-on la preuve ? On la trouvera dans ces révolutions périodiques qui semblent être la loi fatale de l'Europe moderne. Qu'y a-t-il depuis quatre-vingts ans

qui soit assuré d'un lendemain ? Constitutions , gouvernements, lois et dynasties, ne voit-on pas tous les éléments de la vie des peuples , emportés par le cours des
événements, se heurter, s'absorber, s'écraser tour à tour?
Ne voit-on pas les plus antiques monarchies chanceler
sur elles-mêmes, les pouvoirs en apparence les mieux
établis, pencher, après quelques années d'une popularité
éphémère, vers leur ruine, et les prévisions les plus
longues , les calculs les plus habiles, les mesures les
plus infaillibles devenir le jouet d'un destin fantasque
et railleur ?

Et s'il est des esprits superficiels qui persistent à se
faire illusion sur la gravité de la situation , ne compren-
nent-ils donc rien à ce mouvement de peuples qui agite
les deux mondes ? La démagogie révolutionnaire est-elle
donc si faible ou si endormie qu'on ait le droit de douter
de son existence? Son langage n'est-il pas assez clair?
Ses prétentions ne sont-elles pas assez hautaines? Les
coups qu'elle frappe ne retentissent-ils pas assez loin?
Et ses audacieuses clameurs, et l'avenir qu'elle nous annonce, et les joies, peut-être trop hâtives, auxquelles
elle se livre, tout cela n'est-il pas assez instructif
pour arracher l'insousiance la plus naïve et la plus
béate à son égoïste torpeur? Faut-il que la tempête
que nous entendons gronder , éclate sur notre tête et
emporte notre propre fortune , pour rompre le charme
qui nous obsède, et dissiper enfin, mais trop tard peut-
être, de folles et dangereuses illusions? Non, les esprits
et les cœurs ne sont pas encore réconciliés. Non, la lutte
entre l'ordre et le désordre, entre la liberté et l'oppres-
sion, entre les intérêts conservateurs et les passions
anarchiques, n'est pas à son terme, et le temps n'est pas

encore venu, où la société puisse se reposer, en toute
sécurité, sous le frêle abri qu'elle se construit, entre
deux tempêtes, sur le sable d'un rivage périodiquement
labouré par les flots.

Ce n'est pas tout. Et, pour qui sait réfléchir, il est
évident que l'accord indispensable de l'autorité et de la
liberté n'est pas plus près de s'accomplir que la concorde si désirable des partis, des intérêts et des ambitions
hostiles. Cependant, nulle liberté réelle sans autorité ;
nulle autorité stable sans liberté. Isolez la liberté du
correctif de l'autorité, et ce sera l'anarchie dans la licence.
Séparez l'autorité du contrepoids de la liberté, et ce sera
le despotisme dans l'anarchie.

La notion même d'une société régulière est impossible si, puissances amies, la liberté et l'autorité ne s'unissent dans un fraternel accord. Eh bien, telle est la misère
intellectuelle de notre temps, telle est la confusion que
les doctrines d'anarchie et d'absolutisme ont jetée dans
les esprits, que la plupart des contemporains considèrent
l'autorité et la liberté comme opposées entre elles, les
uns se défiant, avec je ne sais quelle sourde antipathie,
des droits de l'autorité, les autres, avec une sorte d'in-
stinctive frayeur, des droits de la liberté.

Aussi, qui pourrait dire toutes les déconvenues, tous
les mécomptes, toutes les défaites de ces deux nobles
sœurs ? L'histoire du monde, depuis plus d'un siècle, est-
elle autre chose qu'une oscillation douloureuse entre les
extrêmes les plus humiliants ? Ne voyons-nous pas la liberté successivement immolée aux colères de la multitude
ou aux vengeances d'un seul homme ? Ne l'avons-nous
pas vue succomber tour à tour, après une apparition fugi-
tive, sous le terrorisme des tribuns ou sous les défiances

du Pouvoir? Les annales de notre siècle ne sont-elles pas un enchaînement déplorable de réactions violentes et passionnées, et le temps où l'alliance simultanée de l'autorité des lois et des droits de la liberté était autre chose qu'une phrase banale, qu'un parchemin poudreux, qu'une promesse illusoire, qu'était-ce donc qu'un repos d'un moment entre deux déceptions et deux ruines?

Avouons donc que sur ce point capital nous sommes loin d'avoir réalisé l'idéal que nous rêvons, et le problème dont la solution sera l'alliance permanente de la liberté et de l'autorité, reste, comme tant d'autres, en son entier.

Et cependant, on ne peut le méconnaître, la société, quoi qu'elle en ait, et malgré tant de douloureuses épreuves, aspire avec un invincible élan, à la paix, à l'ordre, à la sécurité, à la liberté. Une force irrésistible la pousse, à travers toutes ses défaillances, à fonder le règne des libertés publiques, sur la base de l'autorité. Et dans les sentiers obscurs qu'elle traverse en ce moment, il semble qu'elle entrevoie l'harmonie féconde de ces grands principes et de ces grandes choses, comme la terre promise à ses douleurs. Frappée du contraste pénible de ses aspirations et de ses désenchantements, de ses efforts et de son impuissance, de ses élans hardis et de ses chutes profondes, elle cherche, avec une anxiété en quelque sorte maladive, à sortir du malaise qui l'accable. Et c'est ce qui nous explique tant de mouvements impétueux, tant de retours soudains; aujourd'hui toute l'audace de l'espérance, demain toute la prostration de l'ennui ou de la défaite; symptômes d'une société violemment jetée hors de ses voies, mais qui ne désespère pas de sa guérison, et qui manifeste, malgré ses rechutes et ses lan-

gueurs une tendance imperturbable, un progrès constant
vers un avenir meilleur. C'est ce qui explique aussi l'attitude calme et confiante de tant de nobles esprits qui ne se
laissent pas déconcerter par les contradictions du moment;
qui ne désespèrent pas de sortir du labyrinthe des opinions, des préjugés et des faits; qui sentent qu'une vie
divine et immortelle circule dans les veines du corps social, que la sève chrétienne n'est pas épuisée, que l'esprit de vérité et de justice se manifeste encore par des
pulsations puissantes, et que cet esprit, malgré tous les
poisons de la corruption et de l'erreur, malgré tant de
signes alarmants qui semblent annoncer la décadence,
contient le germe d'une régénération féconde et d'un
glorieux avenir.

III.

Où est la cause et le remède du mal.

Le mal constaté, il importe de rechercher, avec la cause
qui l'a produit, le remède qui seul pourra le guérir.

D'où vient donc, je le demande, d'où vient que depuis
tant d'années, le problème est partout, la solution nulle
part? Serait-ce la faute des circonstances que nous
avons traversées? Mais rien n'a manqué, ce semble, à nos
exigences et à nos désirs : ni les hommes prédestinés;
car Dieu s'est montré prodigue de tous les dons de l'intelligence, et nous avons vu le génie de la pensée et le
génie de l'action briller de tout leur éclat: ni les évènements; car il se sont déroulés, avec une prodigieuse
variété, sous nos regards, et se sont prêtés, avec une
docilité et une souplesse extrêmes, à toutes les com-

binaisons, à tous les essais, à toutes les expérimen-
tations politiques : ni le temps ; car voilà bientôt un siècle que ce grand ouvrier s'emploie à détruire les causes
de l'instabilité et du malaise qui nous fatiguent: ni les
leçons de l'expérience ; car elles ont été rudes et instruc-
tives, et les souvenirs personnels, à défaut des récits de
l'histoire, suffiraient pour nous montrer dans le passé la
route de l'avenir.

D'où vient donc que la société est si incertaine dans
ses voies et l'ordre européen si mal assuré? Ah! la cause
du mal, c'est au delà des hommes et des évènements,
au delà des constitutions et des formes politiques ; c'est
dans les profondeurs mêmes de l'ordre moral qu'il faut
la chercher. La cause du mal, c'est que ni l'autorité ni
la liberté n'ont suffisamment connu CE FREIN MORAL ET
RELIGIEUX qui, en les contenant et en les défendant contre
elles-mêmes, pouvait seul les préserver de leurs excès et
de leur ruine.

Que ce soit là la grande, je dirais volontiers l'unique
raison de la fragilité de nos œuvres et de la vanité de nos
efforts, quelques rapides considérations suffiront à le dé-
montrer.

Le principe et la suprême garantie de tout ordre humain se trouve dans les lois éternelles et immuables qui
règlent la vie de l'homme et de l'humanité. Lois lo-
giques, elles mettent l'ordre et la vérité dans nos pensées ;
lois esthétiques, elles réalisent le beau dans les produc-
tions du génie des lettres et des arts ; lois religieuses,
morales et sociales, elles engendrent l'harmonie des sentiments, des désirs et des actes dans la conscience de
l'individu, l'harmonie des institutions et des mœurs dans
la vie des peuples. Ces lois sont l'essence même de l'ordre.

Quiconque les observe, réalise et maintient l'ordre, dans la sphère de son activité ; quiconque les viole, l'altère ou le détruit. Et plus la violation sera profonde et fréquente, plus elle se produira sur une vaste échelle, et plus aussi le désordre sera grave, et le mépris souverain de ces lois serait la destruction même de toute vie morale et politique dans l'homme et dans la société.

Or, nous l'avons vu, la liberté et l'autorité sont les éléments constitutifs de l'ordre social. Nous avons ajouté que la liberté insurgée contre l'autorité n'est plus que le despotisme de l'anarchie, de même que l'autorité qui opprime la liberté est l'anarchie du despotisme. Or ce double désordre, source de tant de misères et de crimes, se produit infailliblement, quand l'une ou l'autre de ces deux puissances, entrainée par un *égoïsme* funeste, franchit le cercle des droits respectifs, tracé autour d'elles par les lois éternelles de l'ordre, et porte une main sacrilége sur des droits qui ne sont plus les siens. Pour empêcher ces empiètements et ces usurpations, il faut donc une barrière assez solide pour arrêter l'égoïsme oppressif du pouvoir, assez puissante pour contenir l'égoïsme licencieux de la foule.

Cette barrière tutélaire quelle sera-t-elle ? Seront ce les lois politiques d'un pays ? Mais sans compter que ces lois peuvent être tyranniques et anarchiques, et en supposant qu'elles fussent toujours équitables, n'est-ce pas le propre du despotisme et de la démagogie de les éluder, de les modifier ou de les interpréter au gré de leurs intérêts et de leurs passions, de les violer même sans pudeur, par un abus scandaleux de la force ? *Quid leges sine moribus vanæ proficiunt ?* a dit Tacite, et cette profonde parole s'est-elle jamais vérifiée avec une évidence plus accablante que dans nos temps tourmentés, où les changements les plus soudains emportent avec mépris les lois et les constitutions les plus solennellement établies ?

Sera-ce la force ? Mais si la force est, à un moment donné, la gardienne armée du droit et de la loi, ne devient-elle pas, quand une puissance intérieure et morale n'en arrête le brutal emportement, l'ennemie la plus implacable et la plus redoutée ?

Sera ce le mécanisme savant des institutions, des contrepoids et des garanties politiques ? Mais, sans méconnaître la valeur et l'importance de ces combinaisons, qui ne voit qu'elles se résument toutes dans la notion de la loi, et que le mot de Tacite s'applique à elles dans toute sa rigueur ? Qui ne voit que toutes ces garanties ont elles-mêmes besoin d'une garantie plus efficace et plus haute ?

Que faut-il donc pour assurer le régne des lois, pour régler le mouvement de tous les rouages du mécanisme social, pour prévenir les abus de la force, pour maintenir inviolables les droits de la liberté et de l'autorité ? Que faut-il, en un mot, pour empêcher les constitutions les plus parfaites d'être autre chose qu'une vaine fiction, un hochet brillant ou un leurre perfide ?

Ce qu'il faut, c'est la sainte notion du *devoir* ; c'est l'influence toute puissante de la vertu. Le devoir connu, compris, accompli, est la garantie souveraine du droit.

La vertu aimée et pratiquée par tous, gouvernants et gouvernés, est le plus ferme appui de l'autorité et de la liberté. Avec elle tout vit et prospère. Sans elle, tout est faible, et les ressorts politiques les plus ingénieux ne sont que des jouets d'enfants que les passions s'amusent à exploiter, en attendant qu'elles en jettent les débris ensanglantés au vent des révolutions et de l'oubli.

Les véritables ennemies, disons mieux, les seules ennemies de toute autorité tempérée, de toute liberté sage
et réglée, de tout ordre stable et légitime, ce sont donc
les ennemies de la vertu, c'est-à-dire les passions de l'homme, les cupidités inassouvies, les convoitises ardentes, l'orgueil de l'esprit, la corruption du cœur, la fureur de posséder; ·
forces aveugles et sauvages, dont l'égoïsme est l'expression la plus complète ; forces destructives qui, tôt ou tard,
si elles prévalent, conduisent les peuples à la servitude
et à la ruine.

Droit, devoir, autorité, ordre et vertu, tout cela, en
effet, n'a aucun sens dans la langue des passions. Jouir
et renverser tout ce qui s'oppose à la jouissance, telle est
l'unique loi de ces furies égoïstes et impétueuses. Qu'elles
parlent, et le Pouvoir tendra à la tyrannie; qu'elles parlent
encore, et le peuple penchera vers la licence, et tout se
renversera, et la paix, l'ordre, la concorde fuiront loin
d'une terre asservie à leur funeste empire.

Il faut donc un frein moral qui maîtrise les passions,
et ce frein, quand il s'agit de la société, n'est autre que
la RELIGION. La Religion seule est toute la conscience
pratique des peuples. Elle seule a le secret de leur faire
comprendre le devoir, de leur faire aimer la vertu. Effa-
cez la Religion dans l'âme des masses, et vous les préci-
pitez, non dans la philosophie de la raison pure, mais
dans une impiété ignorante et grossière qui se résume fina-
lement dans l'athéisme de l'esprit et dans le matérialisme
du cœur. Semez l'incrédulité dans les classes éclairées,
et l'effet le plus général, tous sont unanimes à le constater, sera un scepticisme vague et flottant, comme loi
de l'esprit, un égoïsme plus ou moins raffiné, comme loi
des sens et de la volonté. Que si le scepticisme domine

au sommet de la société, le matérialisme à sa base, l'é-
goïsme partout, faut-il s'étonner que les saintes et aus-
tères notions de vertu, de sacrifice, d'abnégation, perdent
chaque jour de leur empire, que le prestige de l'autorité
s'évanouisse, que le sens de la liberté se déprave; qu'im-
patient de jouir et de jouir toujours, irrité contre tout ce
qui est, parce que tout gêne ses convoitises, un peuple
imbu de ces folles maximes, traverse, de déclin en déclin,
de révolution en révolution, tous les degrés de l'abaissement et du désordre, jusqu'à ce qu'il disparaisse, avec
ignominie, sous l'épée d'un conquérant ou sous la verge
d'un despote?

IV.

Etat actuel de la question.

Nous avons dit la raison des tristes vicissitudes qui ont
frappé la liberté dans les temps modernes. Le crime capital, le crime peut-être irrémédiable de la Révolution
française, a été de profaner et de compromettre la cause
de la liberté par le fanatisme de son impiété. Ce que nous
voyons proclamé par la sagesse des siècles, par la voix du
génie, par le bon sens des masses, l'impossibilité de fonder un état social d'où seraient bannies la religion et
l'idée de Dieu, la Révolution l'a méconnu dès son origine
et le méconnaît encore dans ce qu'elle a de plus essentiel
et de plus vital. Elle a été, elle est encore, l'ennemie
acharnée de tout christianisme positif. Elle s'est appliquée
avec passion à ravir toute croyance religieuse aux généra-
tions que le catholicisme avait nourries de sa sève,
pénétrées de son souffle, formées à son image. De là,

cette lutte immense, cette lutte à mort engagée par l'esprit révolutionnaire contre l'Eglise. De là, ce trouble des
consciences, cet obscurcissement du sens moral, cette
fièvre des jouissances matérielles, cette sourde et perpétuelle agitation d'une société qui cherche à retrouver
l'équilibre moral et politique rompu par tant de violentes
secousses. De là aussi les malheurs de la liberté, vœu et
espoir des nobles cœurs, mais que repousse partout et
toujours une impiété fanatique et oppressive ! Et tel est
le délire de cette école pour qui la liberté n'est qu'un
mot de passe, que maintenant encore, après tant d'essais
infructueux, ses disciples nourrissent le rêve insensé de
bâtir le temple de l'avenir, non sur la solide assise des
croyances, mais sur le sol mouvant de la négation, sans
se douter, ce semble, que, du jour au lendemain, le mépris du destin, ou pour parler plus exactement, la logique
de Dieu dans l'histoire, emportera cette œuvre dérisoire
de la haine et de la folie.

Redisons-le donc avec la double certitude de la raison
et de l'expérience : tant que la liberté demeurera soli-
daire d'une politique en hostilité avec la Religion, elle
sera captive, et son triomphe durable devra être relégué
au rang des mythes. Et tant qu'elle sera captive, la société
sera en souffrance. L'ordre européen ne sera pas fondé.
On bâtirait plutôt une ville dans les airs, dit le sage
Plutarque, qu'on ne fonderait un Etat d'où la Religion
serait bannie. Cette parole est un axiôme de l'histoire,
et l'expérience prouve depuis quatre-vingts ans qu'il
n'est donné à personne de le violer impunément.

Telle étant la cause du mal, il s'ensuit que l'unique
remède se trouve dans l'alliance étroite de la Religion et
de la liberté. Il faut, dit M. Guizot, *que la liberté soit*

pieuse et la piété libérale [1]. Cette solution de l'éminent publiciste est aussi celle que donne un des évêques les plus illustres d'Allemagne, Mgr de Ketteler, évêque de Mayence, dans son ouvrage intitulé : *Liberté, Eglise et Autorité*. Mais, avant d'entrer plus avant dans un tel sujet, serrons de près le débat et disons dans quels termes la question se pose sur le terrain des intérêts catholiques en regard des aspirations politiques de notre temps.

Il est incontestable que le catholicisme est la plus grande force religieuse de la France, de l'Europe et du monde. Tout ce qui affirme la vérité chrétienne surnaturelle, est catholique ou gravite vers le catholicisme par ses sympathies, ses aspirations ou ses regrets. Tout le reste s'éloigne et se perd de plus en plus dans le rationalisme pur. Il faut donc de toute nécessité que la liberté cherche dans l'appui de l'Eglise une force de durée qui lui a fait jusqu'ici défaut. Car, il faut bien le dire, le catholicisme n'est pas une doctrine aussi précaire et aussi fragile que le croyaient naguères des esprits superficiels et présomptueux. Quant à nous, nous savons qu'il est immortel. Et de bonne foi, parmi ses détracteurs eux-mêmes, en est-il beaucoup qui le tiennent encore pour agonisant ? Hésiter davantage n'est donc pas permis. Il faut s'accommoder avec lui ou se résigner à trouver en lui une opposition invincible.

D'un autre côté, la liberté véritable, la liberté sincère et que nous n'avons garde de confondre avec ce despotisme centralisateur que l'Ecole révolutionnaire proclame et inaugure partout sous le masque de la liberté ; — la

[1] L'Eglise et la Société en 1861.

liberté dans l'individu, dans la famille, dans la commune, dans la province, dans l'Etat, est aussi une puissance et une puissance féconde sans laquelle une société peut bien avoir les apparences de la vie, mais non la vie elle-même. De plus, elle est nécessaire à l'Eglise dont l'histoire a été une lutte perpétuelle contre le despotisme, qu'il s'incarnât dans un César romain, dans un théologien couronné de Byzance, dans un empereur d'Allemagne, dans un monarque absolu des trois derniers siècles, ou dans le terrorisme de la Convention. La question se pose donc dans des termes d'une clarté et d'une rigueur en quelque sorte géométriques et peut se formuler ainsi : Dans le double intérêt de l'Eglise et de la société, il faut à la liberté politique le concours de l'Eglise et à l'Eglise catholique le concours de la liberté. Sans le concours de la liberté, l'action de l'Eglise est paralysée ; sans le concours de l'Eglise, le règne de la véritable liberté est compromis.

Cette vérité est tellement élémentaire que dans les pays de liberté par excellence on considère toute attaque contre les principes religieux comme un attentat contre la société elle-même, et toute hostilité entre la religion et la liberté, comme le plus grand des malheurs.

D'où vient donc qu'en France et en Europe un certain parti déclare, au nom de la liberté, une guerre à mort au christianisme en général et au catholicisme en particulier, sous le vain prétexte qu'il répudie et condamne toutes les libertés politiques de la société moderne ?

D'où vient que d'autres repoussent ou semblent repousser ces mêmes libertés sous le prétexte non moins spécieux qu'elles sont incompatibles avec les principes et les intérêts de l'Eglise ?

3

D'où vient que tant esprits d'honnêtes, tant d'âmes croyantes, sont divisés sur un point aussi décisif? D'où vient que les uns, connus de tous par leur génie, leur éloquence et leur inaltérable dévouement à l'Eglise, saluent hautement l'avènement de la liberté, tandis que pour d'autres, qui mettent leur courage et leur talent au service de la même foi, cette même liberté paraît être un épouvantail et un scandale? D'où vient qu'étroitement unis pour tout le reste, ils perpétuent, en cette matière, un si lamentable malentendu? Ah! il faut le dire, car là est la source de ces funestes dissensions, le génie de l'erreur a réussi à corrompre la langue que nous parlons en détournant les mots du sens auquel ils étaient consacrés par un usage de tant de siècles. L'esprit révolutionnaire s'en est emparé; il les a infectés de ses sophismes; il y a coulé, si je puis ainsi parler, son venin. Chacun des deux camps a le même vocabulaire; mais ce vocabulaire ne dit pas les mêmes choses. Le même mot peut désigner un principe de vie et un principe de mort. Tout est devenu équivoque et confus, et la langue politique, au lieu d'être un rayon de lumière, n'est plus qu'une sorte de sphynx grammatical dont chaque signe est une énigme, un Janus littéraire où chaque expression présente un double aspect. — Quoi de de plus simple en soi que les mots de justice, de droit, de loi, d'autorité, de souveraineté, de fraternité, d'égalité, de progrès, de liberté? Et cependant combien de fois n'ont-ils pas servi à exprimer un athéïsme dégradant, un nivellement brutal, la glorification de la matière, l'appel aux plus viles passions, l'apothéose du nombre, l'idolâtrie de la force, la souveraineté du but, le machiavélisme des moyens, le code de la dictature et de l'émeute, la liberté de tous broyée sous le mécanisme impitoyable de cette abstraction omnipotente qu'on appelle l'Etat, l'Etat-Pontife, Roi et Dieu, et, au sein de cette anarchie, le cri perpétuel de liberté retentissant comme une ironie dans le silence de la servitude universelle ; je ne sais quoi de monstrueux enfin et d'infernal qui semble avoir emprunté, pour se dissimuler, la langue du ciel.

Ce que nous venons de dire s'applique surtout au mot de *Liberté.* Il n'en est point qui présente un sens plus vague, plus multiple et plus contradictoire. Entendu dans sa vraie signification, ce mot résume les lois fondamentales de l'ordre politique. Interprété dans le sens révolutionnaire, il est, si on me passe le mot, la condensation de toutes les erreurs sociales et sert à abriter, comme cela n'arrive que trop souvent, toutes les oppressions et tous les crimes.

Il faut donc démêler la confusion des mots, lever les équivoques, dissiper les malentendus et montrer comment les libertés civiles et politiques de la société contemporaine peuvent s'allier, sans qu'il faille sacrifier aucun des droits de 'la vérité, avec les intérêts et les exigences de l'Eglise ou de la société catholique. C'est la tâche qu'a poursuivie, avec une hauteur d'idées et une fermeté de vue admirables, l'illustre évêque de Mayence dont nous avons cité le nom plus haut.[1] C'est ce que nous essaierons de faire, à la suite d'une si grave autorité, en résumant la doctrine de l'éminent prélat sur les grandes questions de notre temps ; persuadé, comme lui, que la vraie liberté non seulement n'a rien de commun avec

[1] *Freiheit, Autorität und Kirche,* von Wilhelm Emmanuel Freiherrn *von Ketteler,* Bischof von Mainz.

les principes et les tendances de la Révolution , mais
qu'elle est l'antithèse formelle , la contradiction rigoureuse de ses doctrines , et que ce n'est pas contre elle ,
mais contre le despotisme révolutionnaire, hypocritement
paré de son nom , que devront s'unir les efforts de tous
ceux qui veulent défendre , contre de téméraires entreprises , les intérêts sacrés de la religion et de la patrie,
l'honneur de la liberté et de la dignité humaines.

V.

La liberté dans l'individu.

La liberté est un de ces mots privilégiés qui exer-
cent, comme ceux de progrès, d'égalité, de fraternité, une
irrésistible fascination sur l'esprit et le cœur de l'homme.
C'est aussi un de ceux dont on a le plus usé et abusé de
nos jours. Les uns y voient le salut de l'avenir ; les autres
le redoutent comme un fléau. D'où vient ce malentendu?
D'où vient-il, sinon du contraste pénible des idées et des
faits ? Les idées expriment des réalités divines ; mais les
faits ont trahi la vérité des idées. Que de fois n'a-t-on
pas établi une tyrannie odieuse au nom de la liberté ,
sacrifié la vie et les biens des citoyens au nom de l'égalité,
engagé des luttes fratricides au nom de la fraternité, et
ramené l'humanité à la barbarie en faisant retentir à ses
oreilles les noms sacrés de civilisation et de progrès !

Et cependant, malgré tant de mensonges, une puissance
mystérieuse nous enchaîne à ces mots et nous pousse à
réaliser leur magique programme. Ce ne sont donc pas
de vaines chimères, et il faut qu'il y ait là quelque grande

et nécessaire vérité. Or cette vérité, le christianisme la
révèle quand il enseigne que l'homme, fait à l'image de
Dieu et frère de tous les hommes, doit s'élever librement,
sous l'influence de la lumière et de la vertu d'en haut, par
un progrès indéfini dans la connaissance et dans l'amour,
à cette grandeur morale, à cette félicité éternelle, qui
sont la raison, la sanction et le terme de toutes ses légitimes aspirations. Cette vérité, il nous la révèle quand il
nous apprend que ce progrès moral qui n'est autre chose
que le triomphe de la liberté sur le fatalisme des
passions et la victoire de la charité sur l'égoïsme des
cœurs, est le fond même de la religion chrétienne et la
base indispensable du progrès politique et social. D'où il
résulte que loin de s'attacher opiniâtrément aux formes
et aux institutions politiques du passé, les catholiques
doivent les considérer comme étant soumises, aussi bien
que l'homme et l'humanité, à la grande loi du perfec-
tionnement et du progrès. Au lieu donc de repousser
systématiquement toutes les tendances *actuelles*, c'est un
devoir pour nous d'examiner ce qu'elles ont de légitime
ou d'anormal et de résoudre le problème qu'elles impli-
quent, à la lumière de ces vérités éternelles de la foi qui
sont par rapport à la vie religieuse et sociale des peuples,
ce que sont les principes de la logique pour la pensée,
les axiomes des mathématiques pour la science, les lois
primitives de la conscience pour la volonté morale. A ce
compte, l'équivoque des mots disparaîtra et nous saurons
quel est le sens véritable de ce qu'on appelle la liberté et
le progrès.

Qu'est-ce donc que cette liberté dont tout le monde
parle et que souvent l'on comprend si mal? Est-ce cette
licence effrénée que nous prônent les apô'res de l'anar-

chie et de la révolte ? Non, et il importe de le constater tout d'abord, le caractère essentiel de la liberté dans l'homme est d'être *limitée*. Image de la liberté divine et, comme telle, principe de notre dignité et de notre grandeur, elle diffère de son idéal infini en ce qu'elle est soumise, comme tout ce qui est créé, à la loi de l'imperfection et de la limite. Ainsi elle est circonscrite par la loi inflexible du Devoir qui est une loi éternelle de Dieu. Elle est circonscrite par les conditions même de notre existence, puisqu'elle est condamnée à subir les nécessités de notre naissance, de notre mort et des vicissitudes les plus importantes de la vie. Elle est limitée enfin par la tendance même au bonheur, puisque cette tendance nous est fatalement imposée et que notre rôle se borne à choisir les moyens qu'elle réclame.

Ce caractère de limitation posé, nous avons à définir les deux formes sous lesquelles se révèle la liberté dans l'individu, à savoir : *La liberté morale* ou la faculté de se déterminer soit au bien, soit au mal, et la *liberté de conviction* ou la faculté d'opter entre la vérité et l'erreur.

La première exclut toute contrainte du dehors, toute nécessité intérieure, et bien que soumise à l'immuable obligation de pratiquer le bien, elle implique pour toute la durée de notre vie terrestre, le redoutable pouvoir de faire le mal.

La liberté ainsi comprise est le principe de notre dignité et la base de toute la morale chrétienne. Qu'une seule des conditions requises soit altérée, et l'acte moral disparaît, la responsabilité s'évanouit. Avec elle au contraire, la conscience est une puissance souveraine, qui doit sans doute compte de ses actes, mais dont le domaine est inviolable et les arrêts sans appel. De là le respect que l'Eglise a toujours porté à la conscience humaine ; de là le soin qu'elle prend à l'éclairer, à dissiper de dangereuses erreurs, à l'asseoir en quelque sorte sur la règle inflexible de la vérité. De là aussi l'obligation pour chacun de redresser sa conscience quand il voit qu'elle est *erronée*; car la conscience est la sauvegarde de la liberté et la liberté est la grandeur de l'homme. *Si tollis libertatem, tollis dignitatem.*

Ce que nous disons de la liberté morale, nous l'enseignons également de la *liberté de conviction*. Si l'acte par lequel la volonté se détermine au bien doit être libre, l'assentiment par lequel l'esprit se donne à la vérité, devra être raisonnable et spontané. *Rationabile sit obsequium vestrum.* Nul ne saurait construire un édifice qui lui appartient en propre sur un fondement étranger, ni appuyer sa vie morale sur la volonté d'un autre. Nul, non plus, ne saurait asseoir l'édifice de ses convictions et de ses croyances sur la raison d'autrui. Quelque vraie et légitime que puisse être la conviction d'un homme, elle ne saurait devenir en aucune façon la règle de ma pensée, tant qu'elle ne sera devenue ma conviction *propre et personnelle.* Cette liberté de conviction, liberté à la fois sublime et formidable, Dieu nous l'accorde vis-à-vis de lui-même. D'où il suit qu'il serait inique de nous la refuser vis-à-vis de nos semblables.

Otez cette liberté, et la foi elle-même s'évanouit. Car la foi, suivant Saint-Thomas, exige une double condition: un *objet* digne de créance et *l'adhésion* de l'esprit à cet objet, adhésion qui suppose un motif *extérieur* de crédibilité, mais qui n'est au fond que l'acte *intérieur* par lequel l'esprit accepte, avec le concours divin, la vérité qui lui est proposée. Le secours d'en haut et la vérité

sont donc l'élément divin de la foi ; le libre assentiment
de l'esprit en est l'élément humain et c'est à leur concours intime qu'on doit ces convictions inébranlables qui
sont la force du chrétien et l'éternel honneur de nos
martyrs.

Est-il besoin, après ce qui vient d'être dit , de relever
le préjugé contemporain déclarant que la foi est incompatible avec les exigences de la raison et les progrès de
la science ? Comment ! ce langage on ose le tenir à
l'Eglise qui a maintenu , avec tant de vigueur les droits
inaliénables de la raison et de la liberté humaine contre
les théories insensées qui anéantissaient, au profit d'une
foi aveugle et d'une grâce nécessitante , la notion même
de la liberté et de la raison ? Ce reproche on ose l'adres-
ser à l'Eglise qui veut que la foi de ses enfants soit raisonnable , que leur croyance ne relève que de l'évidence
des motifs et ne soit prostituée jamais aux vaines chimères
de l'erreur ! En vérité, une telle accusation n'est qu'une
amère dérision de l'évidence même qu'on a l'air de prôner,
et pour faire justice de semblables objections , il aura
suffi de les exposer.

Pouvant faire le bien ou le mal, avec le *devoir* permanent de pratiquer le bien ; pouvant accepter la vérité ou
l'erreur, avec le *devoir* rigoureux d'embrasser la vérité,
c'est dans ce double privilége de l'homme , que nous
trouvons la notion fondamentale et la véritable intelligence de toutes les libertés qui en dérivent. Celui qui en
use noblement est grand devant Dieu , fût il privé de
toutes les autres libertés. Celui qui en abuse est esclave,
quelles que fussent d'ailleurs les libertés dont il jouît.
Tout le reste en dépend et c'est sur cette base impre-
scriptible de la liberté personnelle que s'appuient les

libertés civiles et politiques qui sont la gloire d'un pays
et l'honneur du citoyen.

VI.

De la liberté dans l'Etat.

Partout où l'homme vit en société avec ses semblables,
on distingue deux *tendances* fondamentales ; l'une qui
aspire à *unir* et à concentrer les éléments sociaux ; l'autre qui porte les membres d'une société à se faire valoir
dans leur *individualité* propre et dans la *variété* qui
les distingue.

Une société n'étant autre chose que l'union de plusieurs,
il s'ensuit que la première tendance résulte de *l'union*
du lien social, la seconde de la *diversité* des membres
associés. L'une et l'autre ont donc leur raison d'être dans
la nature même de la société, et ni l'une ni l'autre ne pourrait être supprimée sans qu'aussitôt la notion même de
société ne fût anéantie.

Une société sera donc d'autant plus parfaite, que les
droits des membres dont elle se compose seront plus
élevés, et le *lien* qui les unit plus intime.

Réaliser cet idéal, dans la mesure du possible, est la
tâche de toute association, mais surtout de la grande
société politique et civile, qu'on appelle *l'Etat* ; et plus
l'harmonie des deux tendances sera profonde, plus l'Etat
sera stable et prospère.

L'une et l'autre de ces deux tendances fondamentales
ont un ennemi mortel, et cet ennemi est *l'égoïsme*. Qu'il
s'empare de la première, et l'Etat sera dégradé dans ses

4

membres ; qu'il maîtrise la seconde, et le lien social sera déchiré. Ce sera donc en étudiant la nature, les droits, les devoirs, les limites et l'abus de cette double tendance que nous pourrons établir une théorie rigoureuse de l'ordre politique, et comprendre le sens précis des mots de liberté et de révolution, d'autorité et d'absolutisme. Ces préliminaires posés, entrons dans le détail.

La tendance des membres d'un état à maintenir leur autonomie, implique un droit essentiel et ce droit est la *liberté civile et politique elle-même.* — L'abus égoïstique de ce droit constitue, dans son point culminant, ce qu'on peut appeler la *Révolution.*

En effet, la dignité d'un Etat dépend surtout de la valeur personnelle des membres dont il se compose. Quand les organes sont malades, le corps ne saurait être robuste ; quand les matériaux d'une construction sont mauvais, l'édifice manque de solidité.

Quand les citoyens d'un pays sont opprimés et avilis, cet avilissement frappera le pays tout entier, Or, d'où vient la dignité de l'homme sinon de sa liberté ? La liberté morale n'en est-elle par le principe? La liberté civile et politique n'en sera-t-elle pas la garantie et le couronnement? Mais cette liberté civile et politique, qu'est-elle ?. En quoi consiste-t-elle précisément ? C'est ce qu'il faut définir.

Toute liberté consiste à se déterminer de soi-même sans nécessité ni contrainte. La liberté politique sera donc pour tout homme la faculté de se gouverner soi-même dans sa vie personnelle, civile et politique ; en d'autres termes, de régler ses propres affaires et de veiller à ses propres intérêts, avec une liberté pleine et entière, *pour autant qu'il le peut sans violer les droits des autres.*

Ce sera en un mot, *l'autonomie* ou le *self-government* dans l'individu, dans la famille, dans la commune, dans le département ou la province, dans toute corporation, dans toute association politique ou civile.

Cette autonomie est l'essence de la liberté politique. *Où elle manque*, dit Mgr. de Ketteler, *il n'y a point de liberté.*

Il sera facile de prouver quel est son prix. Qu'il nous suffise de constater ici qu'elle façonne les citoyens à la vie publique, qu'elle leur donne l'intelligence pratique des affaires, qu'elle est la grande école de la vie politique et que l'Etat même y trouve sa force et sa grandeur.

Qu'on se garde toutefois de la confondre avec une indépendance sans frein et sans mesure. Loin de répudier la règle et la soumission, elle reconnaît le devoir impérieux de se limiter elle-même, d'obéir aux lois divines du monde et de la société, de respecter les droits dont le maintien sera la garantie de son propre droit. L'autonomie dans la soumission et la soumission dans l'autonomie, c'est dans cette simple formule que se trouve la loi souveraine de tout ordre. Sur elle et sur elle seule repose toute l'harmonie des mondes ; et quiconque la méconnaît dans la société ne réalisera que l'anarchie et les ruines.

Or, nous l'avons vu, ce qui méconnaît et viole sans cesse cette loi souveraine, c'est l'égoïsme. C'est lui qui sacrifie à ses caprices et à ses intérêts personnels, les intérêts et les droits de la société. C'est là ce qui fait dégénérer la liberté en une licence violente et oppressive dont les fureurs emportent les trônes et consternent les peuples.

Cet égoïsme meurtrier qui, de nos jours, éclate sur tant de points, constitue l'esprit même de la *Révolution*. Niveler toutes les conditions, écraser tous les droits, courber toutes les instiuttions, toutes les libertés sous la tyrannie de ce qu'elle appelle l'*Idée* et de qu'il faut appeler ses convenances et ses convoitises, à ces traits, on reconnaît l'esprit révolutionnaire, et cet esprit, nous le répétons, n'est autre chose qu'un égoïsme corrupteur qui altère et déprave l'autonomie d'un peuple pour constituer, à son propre profit, sous le masque de la liberté, un despotisme sans nom.

Révolutionnaire, quand il abuse de la liberté, le despotisme est monarchique, quand il exprime l'abus égoïste de l'autorité. Nous allons nous en convaincre en étudiant les phases diverses de la seconde tendance fondamentale de toute société.

VII.

Nature et principe du pouvoir.

La tendance qui a pour but d'unir les éléments sociaux comprend, comme droit essentiel, l'exercice du *Pouvoir*, l'exercice de la *Souveraineté* ou de l'*Autorité*. L'abus égoïste de ce droit donne naissance à l'*absolutisme* et à la *fausse centralisation*.

Ce sera l'éternel honneur du christianisme d'avoir su régler et contrôler le Pouvoir tout en affermissant le principe sur lequel il repose. Un pouvoir profondément pénétré de l'esprit chrétien réaliserait l'idéal de la souveraineté. Là même où le gouvernement a cessé d'être chrétien, il a gardé de l'influence chrétienne, je ne sais quel équilibre moral qui rend impossible en Europe le despotisme brutal et féroce du paganisme oriental et romain. Il résulte de ce fait, que la force et la vitalité d'un pouvoir ne résident pas dans une omnipotence sans contrepoids et sans limites, omnipotence qui aurait l'étrange prétention de penser pour tous, d'agir pour tous, de tout régler et de tout administrer ; mais qu'il sera d'autant plus solide et plus fort, qu'il saura mieux dompter son égoïsme, rester dans les bornes de ses attributions et tendre au plus parfait dans la sphère de son activité, au lieu de chercher aveuglément à l'étendre outre mesure. Ne serait-il pas absurde de mesurer la santé d'un homme au volume de son corps ? Ne serait-il pas déraisonnable d'estimer la puissance d'un Etat à l'exagération de son principe gouvernemental ? Nul erreur plus funeste que celle-là, et cependant c'est la grande erreur de nos jours. On ne comprend plus que dans toute société, dans l'Etat, dans l'Eglise, dans la famille même, l'ordre naît de l'action régulière de l'autorité sur la liberté et de la liberté sur l'autorité. Et cependant, qu'est-ce qu'un Etat sinon un ensemble d'organismes moraux qui se contiennent, se limitent, se subordonnent les uns les autres ? Et si, au lieu d'unir ces divers organismes, le Pouvoir les absorbe et les dévore, n'est-il pas évident qu'il introduit le trouble et le malaise dans le mécanisme social, et travaille en même temps à la chute de la prospérité publique et à sa propre ruine ?

Le Pouvoir doit donc être contenu dans le domaine de ses attributions. Or, ces attributions sont les suivantes :

Il doit veiller d'abord à la bonne *administration de la*

justice. A ce effet, le *pouvoir législatif* sera constitué de telle sorte, qu'au lieu d'être le produit d'un artifice ou d'une fiction politique, la loi devienne l'expression sainte, durable et vivante du droit non moins que des vœux légitimes d'un peuple.

En second lieu, le Pouvoir doit accorder une *protection* bienveillante et infatigable à tous les droits naturels ou acquis, à tous les intérêts privés ou généraux, matériels, religieux ou moraux qui constituent la vie d'un Etat ou d'une nation.

Il est, en troisième lieu, l'organe et le *représentant* accrédité d'un peuple en tout ce qui concerne ses relations avec d'autres peuples, et, comme tel, il doit veiller au maintien des droits internationaux, non en s'inspirant des caprices d'une politique égoïste, ni des traditions d'une diplomatie cauteleuse, ni des hautaines prétentions de la force, mais en prenant conseil des règles immuables de la vérité et de la justice, du droit et de l'honneur.

Les limites et les attributions du Pouvoir ainsi fixées, nous comprendrons sans peine le sens précis de ce qu'on appelle la souveraineté de *droit divin*, la souveraineté par la *grâce de Dieu*. Quelle est donc, au milieu de tant de misérables équivoques, la valeur rigoureuse de ces termes? Entendons-nous par là un pouvoir conféré immédiatement par Dieu même à une personne déterminée? Voulons-nous dire que tous les actes de l'autorité émanent en quelque sorte de Dieu et doivent être considérés comme tels? Faut-il admettre enfin qu'une omnipotence sans frein et sans limites est l'essence même de la souveraineté? C'est ainsi sans doute que beaucoup de princes l'ont compris. Mais un tel pouvoir serait une idole politique que la religion condamne et que repousse la con-

science. Nous disons donc que le Pouvoir est de droit
divin, en ce sens qu'il est indispensable à l'ordre des
sociétés humaines ; mais nous ne prétendrons jamais
qu'il a été conféré par Dieu même au fondateur d'une
dynastie ; car il n'a été souvent que le fruit d'une usur-
pation injuste et sanglante, et cependant, avec le temps,
les héritiers de ce pouvoir ont pu se proclamer, sans
aucune contestation, souverains par la grâce de Dieu.
Nous admettons que l'autorité d'un souverain vient de
Dieu ni plus comme ni moins que l'autorité d'un père de
famille ; mais nous nions que l'exercice même de cette
autorité doive être considéré, malgré ses abus, comme
émanant de Dieu. Nous affirmons enfin que, loin d'être
synonymes d'omnipotence, ces mots : par la *grâce de*
Dieu, marquent au contraire la plus stricte limitation ;
car, professer que le Pouvoir vient de Dieu, c'est reconnaître évidemment qu'il doit s'arrêter aux bornes que
Dieu lui a posées en l'assujettissant au respect de la loi
morale, au respect de l'ordre social et politique, au respect de tous les droits et de toutes les libertés qui sont le
patrimoine inviolable d'un peuple.

La souveraineté est donc de droit divin en ce sens que
l'ordre moral n'est pas seulement le *fait* de l'homme,
mais surtout l'*œuvre* de Dieu, que le Pouvoir n'est pas
une *invention* humaine, mais une *institution* nécessaire
et divine ; institution que Dieu a décrétée au même titre
qu'il a établi les éléments et les lois constitutives du
monde physique et moral.

Ce n'est pas ainsi, sans doute, que l'entend une certaine école d'athéisme qui n'est, à proprement parler, que
l'Ecole de la Révolution. Non, ce qu'elle rêve et proclame,
c'est l'Etat par la *grâce de l'homme*. Elle a enveloppé

dans une même ruine la notion de Dieu et la notion de
l'autorité, et renversé ainsi, du même coup, le principe
fondamental de l'ordre religieux et social. En écartant
Dieu du monde et de la conscience, elle n'a maintenu debout que la nature et l'humanité. Or, dans le domaine de
la nature, l'homme n'aperçoit aucune intelligence, aucune volonté supérieure à son intelligence et à sa volonté.
Cela étant et tous les hommes se trouvant, en vertu même
du droit de la nature, égaux, souverains et indépendants
les uns des autres, le seul moyen de les unir en société
sera de les lier par un *contrat social*. Mais ce contrat
même, comment pourrait-il les lier? L'homme n'est-il
pas un être essentiellement progressif? Sa vie n'est-elle
pas une marche incessante vers l'inconnu? Dès-lors,
qu'y a-t-il d'absolu ici-bas, et ce qui est vrai, bon et
juste aujourd'hui, ne sera-t-il pas faux, mauvais et inique
demain? Tout n'est-il pas éternellement remis en question? Le fait n'est-il pas l'unique droit, et que reste-t-il,
dans ce changement perpétuel de toutes choses, que
reste-t-il pour lier les hommes sinon l'empire dégradant
de la *force*? La lutte des volontés à la fois hostiles et
souveraines, et la force au service de toutes les utopies
et de toutes les passions; voilà donc le dernier mot de
l'*humanisme athée*. Dieu, le droit, le devoir, évanouis
dans la conscience humaine; la force et les convoitises
maîtresses de tout; tel est le résumé de ces doctrines de
négation et d'anarchie dont les sophistes posent les
principes, dont la foule tire les conséquences et dont
l'histoire sanglante des révolutions nous a révélé tant de
fois le formidable secret.

VIII.

L'absolutisme centralisateur et ses effets.

Qu'il se dise établi par la grâce de Dieu ou par la grâce du peuple, le pouvoir ne sera plus qu'un absolutisme hautain et une centralisation écrasante, quand, égaré par l'égoïsme, il sacrifiera les droits et les libertés d'un peuple au principe qu'il représente et qu'il corrompt en l'exagérant. En d'autres termes, l'absolutisme ne sera que l'égoïsme du pouvoir, de même que le despotisme révolutionnaire ne sera que l'égoïsme de la liberté, et l'un et l'autre tendront directement à la destruction de l'ordre social.

Q'est-ce en effet que l'absolutisme sinon l'absorption de toutes les libertés corporatives, provinciales, municipales et individuelles au profit de l'omnipotence de l'Etat? Qu'est-ce sinon la prétention du Pouvoir de penser pour tous, d'agir pour tous, d'enseigner tout le monde, et d'assurer, à l'aide d'une centralisation immense, la félicité de tous et de chacun? Saisir partout le monopole, faire sentir partout son action, l'absolutisme administratif est dans ces deux mots. Toute autonomie lui est odieuse. C'est ce qu'il appelle « un Etat dans l'Etat. » Lui et puis plus rien; là est son idéal. Là est aussi la raison de son impuissance et de la soudaineté avec laquelle le choc des événements emporte les pouvoirs absolus. Ils ne reposent que sur eux. Cet appui ébranlé, tout s'écroule et s'abat du même coup.

La perfection de ce genre de gouvernement s'est rencontrée dans l'Empire romain où tout se résumait dans le

César Empereur, Pontife et Dieu. *Quod principi placuit,
legis habet vigorem.* S'il restait encore quelque liberté,
c'était uniquement parce que tous les ressorts et tous les
moyens d'une centralisation universelle n'étaient pas encore connus. Et c'est ce qui laissa quelque place précaire
au christianisme dont les principes, les luttes et les vertus
étaient une protestation permanente contre cette autocratie sans nom.

Le moyen-âge fut, dans la rigueur des mots, la période
de la liberté personnelle et corporative. L'absolutisme
politique y était complètement inconnu. Le pouvoir était
regardé sans aucun doute comme venant de Dieu ; mais
on croyait en même temps que tout pouvoir était équi-
libré par d'autres pouvoirs, suivant l'ordre même établi
par Dieu. De là ce franc parler, cette hardiesse de blâme,
ce sentiment de dignité personnelle, cette fierté de caractère, cette originalité puissante des esprits et cette prodigieuse variété de souverainetés, d'associations civiles,
de centres politiques qui sont le trait distinctif de cette
époque. Le servilisme et la courtisanerie ne flétrissaient
pas les âmes ; et au temps même où la puissance des
Pontifes romains était à son épogée, on relevait les défauts
et les abus des hommes les plus puissants avec une
liberté et une franchise dont nous avons peine à nous
faire une idée.

A partir du xve siècle les principes de liberté politique
si profondément enracinés dans le christianisme et dans
les institutions des peuples germaniques commencèrent
à s'altérer et à s'évanouir. L'esprit humain s'éprit d'une
folle admiration pour les idées payennes et évoqua, avec
une sorte de fanatisme passionné, le *droit* et le *césarisme
romains.* Les maximes de l'absolutisme furent remises en

honneur et il s'installa, pour ainsi dire, sans lutte et sans contradiction, sur tous les trônes de l'Europe.

La Réforme hâta cette décadence en déclarant les représentants de la souveraineté politique, chefs de la religion et maîtres des consciences. *Cujus regio, ejus religio.* La croyance du prince devait être celle des sujets et c'est grâce à ce droit nouveau, que depuis la Réforme jusqu'à la paix de Westphalie, le Palatinat eut l'avantage de changer trois ou quatre fois, la ville d'Oppenheim, *dix fois* de religion ! Jamais encore un despotisme aussi avilissant n'avait pesé sur les âmes, et c'est là, sans aucun doute, une des plus grandes iniquités qui aient souillé les annales de l'histoire.

De leur côté, les souverains catholiques appliquèrent autant qu'il était en leur pouvoir, ces maximes oppressives et humiliantes, et le gallicanisme politique qut voulait soumettre le gouvernement des âmes au bon plaisir des rois de France, n'était qu'un essai de ce genre.

L'*Etat c'est moi*, disait Louis XIV et il est resté la personnification suprême du pouvoir absolu. Depuis lors, sa doctrine a passé, si l'on excepte l'Angleterre, dans les entrailles mêmes de la société européenne et elle a corrompu l'ordre politique dans son fond. La révolution a bien changé les *noms* et les *procédés* de l'absolutisme ; mais elle en a conservé l'*essence*. Elle a achevé et affermi le réseau de la centralisation. Elle a anéanti les derniers vestiges des libertés locales, et les doctrines politiques de l'*ancien régime* sont devenues, comme l'a si bien démontré M. de Tocqueville, les maximes fondamentales de la révolution elle-même. La forme seule a varié ; l'esprit est resté le même. Qu'on dise avec un César romain : *mon bon plaisir est la loi ;* avec un prince protes-

tant : *cujus regio, ejus religio ;* avec un roi tout puissant :
l'Etat c'est moi ; avec Roberpierre : « *La liberté est le
despotisme de la raison* » et la raison c'est ce que le
Comité du salut public et moi, nous décrétons avec ordre
de vous y conformer si vous ne voulez être traînés à la
guillotine ; qu'on dise enfin avec Casimir Périer : « *La
liberté, c'est le despotisme de la loi,* » et la loi c'est ce
que je vous ordonne au nom de la majorité gouvernementale, tout cela revient, au fond, à la même formule,
tout cela est l'expression rigoureuse de l'absolutisme de
l'Etat.

Nous arrivons ici à la forme la plus moderne de l'absolutisme, à savoir, l'omnipotence du pouvoir sous le
masque de la liberté. Chose étrange ! c'est là le danger
qui, en ce moment, menace le plus, en Europe, toute
véritable liberté et c'est de lui qu'on paraît se défier le
moins. Il y a donc lieu de l'examiner de près et c'est
ce que nous ferons après avoir signalé d'abord les conséquences fatales qu'entraîne une centralisation excessive
entre les mains du pouvoir.

Saint-Thomas avait déjà constaté quelques-uns des
effets de l'absolutisme en disant qu'il *rendait les âmes
serviles et pusillanimes, incapables de tout effort viril et
de toute entreprise courageuse.* Fénélon les stigmatise
éloquemment dans une lettre fameuse adressée à
Louis XIV et dont l'authenticité ne peut être contestée.
De nos jours, le cadre des inconvénients s'est élargi.
Bornons-nous à en indiquer les principaux.

Et d'abord la centralisation absolutiste enlève à un
peuple l'intelligence pratique de ses intérêts et de ses
besoins. Le pays est tenu à l'écart. D'où il résulte que
ceux qui le dirigent, soit dans la presse, soit dans les

assemblées politiques, soit ailleurs, sont trop souvent étrangers à la vie réelle d'un peuple ainsi qu'à la pratique saine et intelligente des affaires.

Elle altère, en second lieu, les vertus civiles et politiques, et porte une atteinte mortelle à cet esprit d'abnégation et de sacrifice qui était le patrimoine et la gloire de nos pères. L'intérêt remplace le dévouement, et le patriotisme est menacé de s'amoindrir ou de disparaître dans des questions d'influence ou d'argent.

En détournant les esprits des intérêts supérieurs de l'homme, de la patrie et de l'humanité, le régime de centralisation tend à les assujettir aux vulgaires passions et à les énerver peu à peu dans la fièvre de l'or et des jouissances.

Un autre effet de ce régime consiste à isoler, souvent même à séparer les hommes les uns des autres et à préluder ainsi à ces grandes catastrophes sociales qui précipitent la société vers sa ruine. C'est là, on ne saurait en douter, qu'il faut chercher la *cause principale* de nos fréquentes révolutions. En absorbant le pays dans le gouvernement, la centralisation charge ce dernier d'une responsabilité écrasante en même temps qu'elle engendre partout un dangereux esprit de mécontentement, de récrimination et d'opposition. Le pays ne se gouvernant pas lui-même, ce n'est plus lui, c'est le gouvernement seul qui porte tout le poids de la situation. Tout équilibre entre la capitale et les provinces se trouve rompu et qu'il plaise à une ville comme Paris de se passer la fantaisie d'une révolution, il sera dans la destinée du pays tout entier de la subir et d'être ainsi, comme une victime frémissante mais désarmée, à la merci d'un accident ou d'un coup de main. Et comme d'ailleurs le mécanisme

centralisateur oppose des difficultés presque insurmon-
tables à toute réforme sérieuse et profonde, il devient,
de toute nécessité, un principe permanent de malaise,
d'irritation et de trouble.

Là est le grand danger de notre temps. C'est, si l'on
me passe le mot, la pyramide renversée sur sa pointe.
Il faut donc la remettre sur sa base. Il faut lui donner
pour assise le pays tout entier, si l'on veut que la société
reprenne son équilibre et retrouve ses véritables garanties
de force, de durée et de grandeur.

IX.

Du faux libéralisme.

L'absolutisme centralisateur d'un côté, le *self-government* ou le gouvernement du pays par le pays, de l'autre,
tels sont les deux pôles du monde politique. Là se trouve
l'opposition rigoureuse des principes sociaux ; là sont les
termes extrêmes du grand problème. Toute autre antithèse, comme celle de *libéral* et de *conservateur* n'exprime que des nuances, des différences secondaires ou
n'en exprime pas du tout. En veut-on la preuve ? C'est
que le libéralisme révolutionnaire ou le faux libéralisme
n'est lui-même, dans son fond, que l'incarnation vivante
de l'absolutisme centralisateur.

Quels sont, en effet, les caractères distinctifs de ce
libéralisme bâtard et autoritaire ? Les voici, en peu de
mots. Fanfaron de liberté, à l'entendre, lui seul la représente sur terre, lui seul a mission de la faire régner ici-
bas. Admettez son programme, et vous serez un héros

de la liberté, un ami du peuple, un homme de l'avenir. Rejetez-le ou faites des réserves, et l'on vous fera passer pour un séide de la tyrannie, pour un esclave du pouvoir. Regardez y de près, et vous trouverez que tous ces grands mots ne sont qu'une grossière illusion, et un mensonge hautain. Le faux libéralisme, tout le monde le sait, ne connaît au fond qu'une chose, l'*égalité*, qu'il confond perpétuellement avec la liberté. Celle-ci n'est pour lui, que le *despotisme des lois qu'il a faites*, et ce mot le résume tout entier. Tout règlementer par des dispositions légales, tout asservir à des prescriptions, emprisonner toute l'activité d'un homme et d'un pays dans le cercle infini des formalités et des lois ; mettre partout l'obligation et la contrainte ; arrêter tout essor, toute initiative privée sous le niveau de quelque formule, et couronner ce luxe de réglements par un luxe non moins grand de pénalités, c'est bien là l'idéal qu'il rêve et qu'il sait réaliser. Et quand tout le monde est enchaîné, dans toutes les situations de la vie, par des restrictions et des lois sans nombre, ces lois fussent-elles les plus vexatoires et les plus oppressives, il ose encore appeler du nom de liberté, ce qui, à tout prendre, n'est que l'égalité dans la servitude.

Le second caractère du faux libéralisme, c'est qu'il est le flatteur et le courtisan du peuple. Sans cesse il parle de lui et prétend tout faire en son nom. Dans son vocabulaire, l'État est le représentant de ce qu'il appelle la majesté du peuple, la loi, l'expression de la volonté du peuple, le pouvoir, l'exécuteur de cette volonté. A l'en croire, lui seul aime le peuple, songe au peuple, s'occupe du peuple, souffre et combat pour le peuple. Or, ceci encore n'est qu'une duperie et un mensonge. En réalité, on ne le trouve occupé qu'à exploiter les passions de son idole de commande, sauf à la fouler ensuite à ses pieds. Si, en effet, comme il le prétend, le libéralisme révolutionnaire aime le peuple, pourquoi donc lui refuse-t-il toute autonomie, tout droit de régler lui-même les intérêts des familles, des communes, des départements ou des provinces? Pourquoi, emporté par la manie de tout centraliser, sacrifie-t-il les franchises et les droits les plus sacrés du peuple aux exigences de cette abstraction absorbante qu'on appelle l'Etat? A quoi sert au peuple le droit de suffrage lui-même, s'il n'a rien à démêler dans ses propres affaires et s'il doit abandonner à l'administration le droit de décider et de régler toutes choses? Ce que représente ce libéralisme de théâtre, ce n'est donc pas le peuple lui-même, le peuple vrai, pris dans son ensemble, qui donne ses fils à l'armée, son argent au trésor, ses sueurs et son travail à tout le monde et qui est, en réalité, le pays tout entier ; ce qu'il représente, c'est son parti, sa coterie, l'opinion de ses journalistes, les intérêts de ses meneurs. Eh bien, ce mensonge, il faut le mettre en évidence et la presse libérale ne saurait trop insister sur ce point.

Un dernier caractère auquel on reconnaît le faux libéralisme, c'est le fanatisme de son impiété ; c'est la haine systématique dont il poursuit l'Eglise catholique et tous ceux qui la défendent ; c'est enfin l'horreur profonde avec laquelle il repousse tout ce qui est vraiment chrétien. Il est des pays qui, sur cent habitants, comptent au moins quatre-vingt-dix catholiques vrais et sincères. Eh bien, dans ces mêmes pays, une seule parole catholique ne saurait se faire entendre à la tribune législative sans provoquer le sourire et le dédain de ces faux *libéraux* qui prétendent représenter le peuple quand, trop souvent ils ne représentent qu'une fraction bruyante ou leur propre système.

Que tous ceux qui aiment la liberté et la dignité humaine, s'unissent donc pour arracher à ce libéralisme autoritaire le masque dont il se couvre. Déjà la lumière commence à se faire. En France, en Allemagne et ailleurs, chez les catholiques et les protestants, le nombre de ceux qui le combattent, s'accroît de jour en jour. Soyons unanimes à repousser ce mensonge et il tombera comme tant d'autres.

X.

Du régime représentatif et constitutionnel.

Le régime de centralisation et le *self-government* sont les deux principes culminants du monde politique. L'un étant la contradiction formelle de l'autre, ils sont engagés dans une lutte inévitable et l'un ne peut triompher sans que l'autre succombe. Cependant, malgré cette hostilité, ils se révèlent au dehors sous les *mêmes* formes politiques et nous voyons tantôt le principe de la centralisation, tantôt le principe du *self-government* dominer dans les constitutions monarchiques, dans les régimes parlementaires et dans les états démocratiques. « Par conséquent, dit Mgr de Ketteler, la différence du régime *constitutionnel*, et du régime *représentatif* est une différence de *forme* et non une différence de *principe*. Nous pouvons donc admettre que c'est uniquement *le fait d'une vue superficielle*, quand les partisans de l'un ou de l'autre de ces deux régimes les prennent pour point de départ de leur antagonisme politique. »

« Il y a sans doute *une interprétation* du régime constitutionnel que tout chrétien doit repousser ; c'est celle qui est donnée dans le sens d'une *souveraineté du peuple qui considère la volonté des hommes et* NON LA VOLONTÉ DE DIEU comme L'UNIQUE source de tout pouvoir et de tous les droits. Nous reconnaissons aussi que c'est à cette théorie erronée que le régime constitutionnel doit en très-grande partie son origine, et que c'est par elle qu'il compte ses plus nombreux partisans. Mais *cette interprétation* n'est EN AUCUNE FAÇON L'ESSENCE MÊME du régime constitutionnel et il est INCONTESTABLE qu'*un chrétien sincère peut faire usage de* TOUTES LES FORMES DE LA VIE CONSTITUTIONNELLE *sans avoir à sacrifier* LE MOINS DU MONDE, UN SEUL DE SES PRINCIPES. »

« Je crois donc, continue l'éminent auteur, que, de nos jours, la presse catholique doit traiter la question du régime constitutionnel et représentatif comme un de ces débats engagés qui demandent une solution, et *amener les dissidences des deux opinions à un dénouement pacifique.* Je reconnais cependant qu'il existe entre les deux régimes une différence importante, et que loin de la passer sous silence, un journal politique se fera un devoir de l'étudier souvent. *»*

Il est donc un constitutionalisme révolutionnaire, qui en doute ? dont le principe est athée et que tout catholique doit repousser. Mais il est aussi un constitutionalisme acceptable qui se concilie — Mgr de Ketteler l'affirme hautement — avec les exigences les plus rigoureuses de la conscience catholique. L'erreur n'est pas dans les *formes*, dans les institutions, dans les libertés constitutionnelles elles-mêmes, mais dans les *principes*, que les sectaires de la révolution invoquent pour appuyer, pour expliquer, pour *interpréter*, à leur manière, ces libertés et ces institutions.

Que si les droits de la conscience non moins que ceux de la liberté peuvent s'accommoder de l'un et de l'autre régime, lequel des deux est le préférable ? La réponse à cette question varie nécessairement suivant les pays, les époques, les circonstances et les personnes. Mgr de Ketteler donne la préférence au régime représentatif et il en tire le motif de la nature même des deux formes de gouvernement. La vie des sociétés, dit-il, comme la vie de tous les êtres, ne peut revêtir que deux formes essentielles et fondamentales, la forme *mécanique* et la forme *organique*. Dans la première, le lien qui unit les éléments, et le moteur qui les met en branle sont purement extérieurs et ne résident pas dans le principe même de la vie Dans la seconde au contraire, c'est une force intime et vivante qui unit et pénètre tous les éléments, et réalise une série d'organismes étroitement liés qu'elle groupe et dispose, suivant un ordre harmonieux, comme autant de membres d'un corps plein de sève et de vigueur. Ceci étant, le régime constitutionnel paraît se rapprocher davantage de la forme mécanique, parce que, dans bien des pays constitutionnels, la représentation nationale n'est pas l'expression vraie et complète du pays lui-même.

Le second régime paraît mieux retracer les formes organiques de la vie, parce qu'il représente plus exactement les intérêts réels non d'un parti, ni d'un individu, mais de toutes les classes d'un peuple. « Par contre, dit Mgr de Ketteler, l'absolutisme des rois et l'égoïsme des Etats — et c'est là le grand danger du système — ont arrêté depuis trois siècles le développement régulier du régime représentatif, de sorte que, pour le reconstituer de nos jours, il serait indispensable de *lui donner une forme toute différente de celle qu'il avait au moyen-âge.* »

Personne assurément ne contestera la profonde vérité de ces paroles ; mais en admettant, avec monseigneur de Mayence, que le rétablissement de ce système politique, modifié suivant les besoins du temps, soit désirable, on peut se demander si, après tant de révolutions qui ont complètement changé la face de l'Europe, il est encore possible. Peut-être en Allemagne où se sont mieux conservées que chez nous les institutions autonomes des anciens peuples germaniques. Mais en France où la démocratie a nivelé les classes, morcelé les propriétés, détruit les corporations, balayé les franchises locales, renversé les institutions politiques d'autrefois, et maintenu, au milieu de ce fractionnement universel, une centralisation puissante ; dans cette France qui n'a conservé du passé que le mécanisme gouvernemental de Richelieu et de Louis XIV, le rétablissement d'un tel régime n'est-il pas un problème aussi insoluble que le serait celui d'asseoir un édifice sur le vide ou de couler une statue dans un moule rompu en mille morceaux ? Que reste-t-il dès lors, pour échapper à l'absolutisme monarchique ou révolutionnaire, sinon un régime de contrôle et de garanties, dont le retour est praticable et dont l'organisation, selon Mgr de Ketteler, ne contient absolument rien qui soit incompatible avec nos principes ? Quoi qu'il en soit, et quelle que puisse être la valeur théorique et pratique des formes représentatives ou constitutionnelles, ce qui est certain, c'est qu'elles ne peuvent être « *le thème d'un antagonisme politique, c'est qu'elles peuvent se con-*

cilier sans se détruire, et que cette conciliation doit être
le but constant de la presse conservatrice et libérale d'un
pays. » Ces quelques mots résument la doctrine et les
vœux de l'illustre prélat. Puisse cet appel solennel être
entendu ! Puisse-t-il réaliser cette union des esprits, cette
unanimité dans les tendances, qui seront, au milieu des
luttes gigantesques dans lesquelles l'Eglise se trouve
engagée, l'honneur de notre drapeau, le signe de notre
force et le gage de notre victoire !

XI.

De la liberté religieuse.

Dans cette grande et importante question, nos lecteurs
nous sauront gré de reproduire fidèlement les paroles
mêmes de Mgr de Ketteler.

« Ce qu'on entend de nos jours par la liberté religieuse, écrit l'éminent prélat, M. Guizot nous le dira.
Voici la définition qu'il en donne dans son remarquable
ouvrage : *l'Eglise et la Société chrétienne* en 1861.

« La liberté religieuse, c'est la liberté de la pensée, de
la conscience et de la vie humaine en matière religieuse,
la liberté de croire ou de ne pas croire, la liberté des
philosophes comme celle des prêtres et des fidèles.
L'Etat leur doit à tous la même plénitude et la même
sécurité dans l'exercice de leur droit. »

Se demandant ensuite quels sont les droits spéciaux
qui dérivent du principe général de la liberté religieuse,
il les formule en ces termes :

I. « Le droit, pour les individus, de professer leur foi

« et de pratiquer leur culte , d'appartenir à telle ou telle
« société religieuse, d'y rester ou d'en sortir. »

II. « Le droit , pour les Eglises diverses , de s'organi-
« ser, de se gouverner intérieurement, selon les maximes
« de leur foi et les traditions de leur histoire. »

III. « Le droit, pour les croyants et pour les ministres
« des Eglises diverses , d'enseigner et de propager, par
« les moyens d'influence intellectuelle et morale, leur foi
« et leur culte. »

« Après avoir fait observer qu'on peut abuser de ce droit
comme de tout autre , et que , pour remédier à cet abus,
l'Etat est investi d'un certain droit de surveillance , l'é-
minent publiciste termine par ces remarquables paroles :

« A considérer les choses en elles-mêmes et abstrac-
« tion faite des circonstances locales et passagères, il est
« incontestable que la liberté individuelle de conscience
« et de culte, la liberté d'organisation et de gouvernement
« intérieur des Eglises, la liberté d'association religieuse,
« d'enseignement religieux et de propagation de la foi,
« sont inhérentes au principe de la liberté religieuse , et
« que ce principe est réel ou nominal, fécond ou stérile,
« selon qu'il porte ou ne porte pas ces diverses consé-
« quences , qu'il reçoit ou ne reçoit pas ces diverses
« applications. »

« Cette définition , ajoute l'illustre prélat , comprend
tout ce qu'on entend généralement de nos jours par ces
mots, *liberté religieuse, liberté de conscience*. Nous pouvons donc la considérer comme reflétant d'une manière
fidèle et complète l'esprit de notre temps. »

« Ici se pose cette importante question : La reconnais-
sance de la liberté religieuse, telle qu'elle a été définie,
est-elle contraire aux principes de l'Eglise catholique ?

Les catholiques qui restent fidèles aux princïpes de leur
Eglise peuvent-ils, dans l'ordre civil, accorder cette
liberté aux adhérents d'un autre culte? Des princes
catholiques peuvent-ils, en sûreté de conscience, consacrer cette liberté par des lois? Y a-t-il des cas où ils
sont obligés en conscience d'accorder cette liberté? Dans
ce cas, cette manière de voir n'est-elle pas en contradiction avec la conduite de l'Eglise au moyen-âge? »

« Avant de répondre à ces questions, il importe d'é-
carter toute équivoque et d'en préciser le sens. La liberté
morale n'est pas le *droit au mal*, mais la libre détermination au bien, détermination qui implique d'abord le
libre choix, puis la possibilité du mal et l'exclusion de
toute contrainte extérieure. La libre conviction n'est pas,
en soi, le *droit à l'erreur* et au mensonge, mais la libre
détermination à la vérité, sans aucune contrainte du dehors. Le choix du bien et du vrai est, dans les deux cas,
le suprême devoir de l'homme. Dès-lors, le choix du mal
et du mensonge ne peut être qu'un abus honteux de la
liberté qui est en nous. C'est en ce sens seulement qu'il
faut entendre la question de la liberté religieuse. Le *droit*
d'adopter, d'organiser, de répandre une *fausse* religion,
un tel droit, à proprement parler, n'existe pas. Ce sera
toujours le premier et le plus grand devoir de l'homme
d'embrasser la vraie religion et de lui consacrer toutes
ses forces. Pour cette raison, l'Eglise catholique devra
considérer les fausses religions comme le plus grand
abus de la liberté et user de toutes ses ressources pour
combattre cet abus. La question se pose donc dans ces
termes : L'Eglise catholique peut-elle, suivant ses
principes, renoncer à la contrainte extérieure en ce qui
touche la liberté religieuse, aussi bien qu'en ce qui con-

cerne la liberté morale ? Peut-elle abandonner à la libre
détermination de l'homme le choix de la religion, comme
le choix entre le bien et le mal ? Privée qu'elle est de
moyens extérieurs, est-elle obligée de les demander au
pouvoir civil ou du moins à des princes catholiques ? Tel
est le véritable état de la question. »

Après avoir ainsi posé le problème, le savant prélat
en donne la solution en considérant : 1° la conduite de
l'Eglise catholique vis-à-vis des infidèles ; 2° la conduite
de l'Eglise et du pouvoir civil, dans des temps plus anciens, vis-à-vis des chrétiens non catholiques ; 3° les
conséquences qui en résultent pour les circonstances
dans lesquelles nous nous trouvons de nos jours.

Examinant d'abord les rapports de l'Eglise avec les
infidèles non baptisés, Mgr de Ketteler analyse la doctrine
des théologiens les plus illustres tels que Saint-Thomas
et Suarez et établit, en se résumant, les propositions
suivantes :

« 1° L'acceptation de la foi chrétienne, qui est devant
Dieu le premier devoir de l'homme, cette acceptation est,
en ce qui touche l'homme lui-même, le fait de la volonté
libre, le fait de la libre détermination, et nul ne peut y
être contraint, d'une façon quelconque, *nullo modo*,
comme dit Saint-Thomas, par l'emploi de moyens extérieurs [1]. »

[1] Voici quelques-uns des textes cités par le savant prélat :

Infidelium quidam sunt qui nunquam susceperunt fidem, sicut
Gentiles et Judæi ; et tales *nullo modo* sunt ad fidem compel-
lendi, ut ipsi credant, *quia credere voluntatis est.* (Summa theo-
logica. Sec. Sec. 9, 10, art. 2.)

Communis sententia theologorum est, infideles non apostatas,
tam subditos, quam non subditos, ad fidem suscipiendam *cogi
non posse*, etiamsi sufficientem illius propositionem habuerint.
(*Suarez* Tractatus de fide disp. 18, sect. III, n° 4.)

« 2º Le pouvoir spirituel est limité dans l'Eglise comme
tout pouvoir séculier ou civil. Ceux qui le représentent
n'ont pas le droit de faire tout ce qui est en leur pouvoir,
toute ce qu'ils jugent peut-être utile, et ils ne peuvent pas,
à ce point de vue, employer toute contrainte qui leur
plairait. L'emploi d'une contrainte extérieure ne peut
s'exercer que dans des limites conformes à la nature de
l'autorité. Cette considération rend impossible tout absolutisme et ses conséquences pratiques sont immenses.
C'est une profonde erreur de notre siècle, erreur que
partagent beaucoup de nos contemporains les plus re-
commandables et les mieux intentionnés et qu'une longue
habitude de l'absolutisme a pu seule enraciner dans les
âmes, d'attendre principalement le salut de l'emploi de
moyens extérieurs, notamment de l'intervention de quelque grand prince doué d'éminentes qualités. Nous sommes
loin de méconnaître le bien que peuvent réaliser des
princes vertueux et chrétiens. Mais l'influence qu'ils
exerceront sera d'autant plus salutaire qu'ils se tiendront
plus fidèlement dans les limites de leurs véritables attributions. Le bien qu'un prince prétend réaliser, même
avec les meilleures intentions du monde, en dépassant
les bornes de son légitime pouvoir, n'est qu'un bien
imaginaire qui brille d'un certain éclat, mais qui, peut-
être, et sans qu'on s'en aperçoive, devient la cause des
maux les plus épouvantables dans l'Eglise et dans l'Etat[1].

[1] L'auteur cite à l'appui de sa thèse un exemple tiré de l'histoire de France.

A ce propos, il rappelle les paroles suivantes adressées par
Fénélon au prétendant à la Couronne d'Angleterre.

« Sur toutes choses, ne forcez jamais vos sujets à changer leur
religion. Nulle puissance humaine ne peut forcer le retranche-

Tout pouvoir a ses limites. Toute action qui dépasse ces limites, quelque bonnes que soient les intentions, est contraire à la volonté de Dieu. Et pour cette raison, loin de réaliser le bien, elle ne produit que le mal. »

« 3° Le pouvoir spirituel de l'Eglise, fondé sur l'institution de Jésus-Christ, s'étend uniquement sur ses propres membres et dans le domaine même pour lequel Jésus-Christ le lui a conféré. Ceux qui n'ont pas reçu le baptême, ceux qui ne sont pas chrétiens ne sont pas soumis à sa juridiction[1]. Le seul droit qu'elle ait vis-à-vis d'eux, c'est d'annoncer l'Evangile à tous les hommes et de les engager, au nom de leur salut, d'entrer dans l'Eglise. Mais elle n'a le droit, ni d'exercer elle-même une contrainte extérieure pour les y faire entrer, ni de charger quelque autre de cette contrainte. »

« 4° Le pouvoir civil, qu'il soit exercé par des princes chrétiens ou par d'autres, a pour objet propre et direct les intérêts terrestres de l'homme, et non les vérités de la révélation. Le domaine de son autorité propre, domaine qu'il tient de lui-même et non d'une concession étrangère, ce domaine lui est assuré par l'ordre naturel du monde et par les lois immuables qui le constituent et

---

ment impénétrable de la liberté du cœur. La force ne peut jamais persuader les hommes; elle ne fait que des hypocrites Quand les rois se mêlent de religion, au lieu de la protéger, ils la mettent en servitude. Accordez à tous la tolérance civile, non en approuvant tout comme indifférent, mais en souffrant avec patience tout ce que Dieu souffre, et en tâchant de ramener les hommes par une douce persuasion. (Œuvres de Fénélon. Paris 1787. Tome III, p. 530.)

[1] Ecclesia in neminem judicium exercet, qui prius per baptismum non fuerit ingressus. (Conc. Trid. Sess : IV. C. 2.)

qui sont établies par Dieu lui-même. L'Eglise , en con-
cédant certaines prérogatives, peut agrandir ce domaine,
et c'est ainsi que les anciens rois chrétiens ont reçu
beaucoup de droits qu'il ont exercés au nom de l'Eglise.
Certains évènements de l'histoire peuvent servir également à l'étendre. Quant à l'essence même de l'autorité civile,
elle est constituée par les lois sur lesquelles Dieu a fondé
l'ordre universel , par conséquent , l'ordre de toute
société humaine ou politique , et ces lois fondamentales,
personne au monde, ni l'Eglise , ni le peuple, ne peut y
porter atteinte. »

« A ce point de vue, l'Etat, au même titre que l'ordre
naturel de l'univers, est complètement indépendant de
l'Eglise. Jésus-Christ, il est vrai , a reconnu et sanctifié
l'ordre naturel , il a communiqué aux représentants du
pouvoir civil, aussi bien qu'à ceux qui leur obéissent, une
pureté et une élévation d'idées, une fidélité dans l'accomplissement de leur devoir, etc., qu'on ne connaissait pas
jusqu'alors , et il a donné ainsi à l'ordre politique tout
entier une consécration sainte et sublime. Mais le domaine propre du pouvoir civil et politique, si on le considère en lui-même , il ne l'a étendu en aucune façon. Les
nouveaux pouvoirs qu'il a accordés aux hommes , il les a
conférés aux apôtres et à leurs successeurs ; mais il n'a
conféré directement à l'autorité civile aucun pouvoir ,
aucune prérogative nouvelle. Le pouvoir politique n'a
donc, de lui-même , aucun droit en vertu duquel il con-
traindrait ceux qui ne sont pas chrétiens à embrasser la
foi chrétienne, laquelle est un élément de l'ordre surna-
turel. Et l'Eglise ne saurait lui conférer ce droit , parce
qu'elle-même en est privée. »

« 5° En revanche , la liberté religieuse rencontre ses

limites *naturelles* dans la raison, dans la morale et dans l'ordre *naturels* eux-mêmes. Nulle liberté raisonnable ne peut aller jusqu'à renverser l'ordre moral auquel tous ont droit. C'est pourquoi les princes chrétiens et non chrétiens, en d'autres termes, les représentants de la souveraineté politique, sont tenus de s'opposer autant qu'il est en leur pouvoir, aux doctrines et aux coutumes qui méconnaissent ouvertement les lois de la raison et de la morale elles-mêmes. Et pour ce motif, un prince chrétien ne devra pas tolérer l'idolâtrie, s'il peut l'empêcher. »

« Suivant ces principes, l'Eglise accorde pleinement aux infidèles la liberté religieuse que demande M. Guizot. C'est à dessein que nous nous sommes étendu sur cette matière, pour montrer qu'il ne s'agit pas ici d'une opinion de circonstance, mais d'une doctrine approfondie en tout sens et qui s'appuie sur les principes les plus élevés. L'Eglise respecte la liberté de conscience et la liberté religieuse à tel point, qu'elle repousse, comme immorale et illégitime, toute contrainte exercée sur ceux qui ne lui appartiennent point. En même temps, elle marque des limites précises là où la liberté religieuse menacerait les biens moraux de la société. La liberté morale rencontre des barrières, dès qu'elle dégénère en délit ou en crime et met la société en danger. La liberté religieuse rencontrera donc des limites, non-seulement quand elle ébranle l'Etat, mais aussi quand elle viole le droit que chacun possède sur les biens les plus élevés de l'ordre moral. Or ce fait se produit, quand il se forme, comme de nos jours, certaines sectes qui, sous un masque de religion, vont jusqu'à nier le Dieu éternel lui-même, favorisent le matérialisme le plus licencieux, et ébranlent, autant qu'il est en elles, toutes les bases

morales de la société. Une telle liberté est évidemment
un monument d'immoralité et de déraison que Dieu doit
maudire et qui ne peut qu'entraîner la perte des Etats
qui le tolèrent. »

XI.

Liberté religieuse (SUITE).

Après avoir marqué les principes qui dirigent la conduite de l'Eglise à l'égard des infidèles, Mgr. de Mayence
caractérise son attitude vis-à-vis des chrétiens non catholiques dans les termes suivants :

« Nulle contrainte ne doit être employée contre les
infidèles pour les forcer à embrasser la foi. Le culte lui-
même, tant qu'il n'est pas immoral et ne contredit pas
l'adoration du Dieu unique et véritable, doit être toléré.
Tels sont les principes qui régissent la question. Or, à
première vue, la conduite de l'Eglise et du pouvoir séculier vis-à-vis des hérétiques du moyen-âge, semble
être en contradiction avec ces principes. Mais si nous
examinons de plus près les raisons de cette conduite,
nous trouverons que dans le fait cette contradiction
n'existe pas. Nous trouverons, en second lieu, que les
raisons d'alors ne se rencontrent plus de notre temps; et
que, par conséquent, l'emploi d'une contrainte extérieure
en matière de religion tombe maintenant par le fait même. »

« Avant de prouver ce fait, nous devons mettre en lumière la notion canonique du genre d'hérésie qui, seul,
d'après les principes de l'Eglise, donnait lieu à une répression pour des délits contre la foi. L'hérésie prise
dans ce sens était constituée par un double élément : 1°
L'obstination qui faisait persévérer dans l'erreur, après
une instruction préalable suffisante, un chrétien valide-

ment baptisé ; 2° la résistance opiniâtre du récalcitrant à l'autorité de l'Eglise [1].

« Il suit de là qu'entre les hérétiques coupables et ceux qui sont dans l'erreur touchant certaines vérités de la foi chrétienne , la différence est énorme. Non-seulement une erreur involontaire n'est pas une hérésie coupable , elle ne constitue pas même le moindre délit moral. L'hérésie coupable exige : 1° une connaissance suffisante de la vérité chrétienne mise en question ; 2° une opposition obstinée à cette vérité ; 3° une résistance non moins obstinée à l'autorité de l'Eglise. Dans la pensée de l'Eglise, c'est ce dernier point surtout, c'est la résistance à l'autorité , qui donne à l'hérésie son caractère délictueux. C'est sur cette autorité, en effet, que repose tout l'édifice de la doctrine chrétienne ; c'est elle qui est le juge des controverses ; c'est en elle que réside essentiellement le pouvoir d'enseigner. Là donc où la nature de cette autorité est ignorée ou inconnue; là où ne règnent que des préjugés ; là où l'on ne voit dans l'autorité de l'Eglise qu'un pouvoir arbitraire des hommes ou des prêtres, là il ne saurait être question d'une hérésie dans le sens délictueux proprement dit. »

« Il s'ensuit que la notion de l'hérésie coupable , au sens que nous avons dit, ne peut être appliquée généralement à ceux qui ne se sont pas séparés eux-mêmes de la communion de l'Eglise, mais qui sont les enfants de ceux qui longtemps auparavant ont rompu avec elle. Quand et jusqu'à quel point leur erreur est-elle un péché? Nul ne le sait, si ce n'est Dieu seul qui lit dans les consciences. Dans le for extérieur, il est impossible de le

[1] Cf. *Suarez* Tractatus de fide, 9—19, sec. III et V.

déterminer. Bien donc que l'Eglise regarde ceux-ci, en
tant que validement baptisés, comme autant de membres
de l'Eglise une, sainte et catholique ; bien que pour cette
raison elle les considère comme placés, au regard de
Dieu, sous son autorité, elle est bien éloignée de vouloir
user contre eux d'une répression extérieure. Sous ce
rapport, la conduite que l'Eglise peut tenir à leur égard,
ne diffère pas de celle qui détermine ses rapports avec
les infidèles et qui laisse au libre choix de chacun le retour aux croyances catholiques [1]. »

Après avoir déterminé les principes qui dirigent la
conduite de l'Eglise, Mgr. de Ketteler cherche à se rendre
compte de ceux qui dominaient dans la *législation civile*.
Celle-ci considérait l'hérésie comme un délit *politique* et
se croyait autorisée, pour cette raison, à édicter contre
elle les peines les plus sévères. Déjà le droit romain,
après la conversion des empereurs au christianisme, avait
rangé l'hérésie parmi les délits civils. Cette qualification
passa dans le droit coutumier et de là dans la législation
des empereurs d'Allemagne. La raison qu'on faisait valoir, c'était l'*unité de la foi*, l'*unité* et l'*unanimité des
croyances religieuses*. On n'avait aucune idée de plusieurs
confessions ou, si l'on aime mieux, de plusieurs Eglises
chrétiennes. On vivait dans la persuasion générale qu'il

---

[1] « C'est la conduite que suit effectivement l'Eg'ise envers les
Grecs schismatiques et les protestants, depuis que leur existence
est un fait historique accompli. Aussi est-ce une manœuvre dé-
loyale et perfide de vouloir faire accroire aux protestants que
l'Eglise catholique emploiera la violence pour les convertir. Et
cependant, dans l'agitation qu'on a suscitée contre les concordats, on n'a pas eu honte de se faire une arme de ces ridicules
accusations ! »

n'y avait qu'une seule Eglise véritable dont l'empire s'étendait dans le monde entier. Cette Eglise était considérée comme le bien suprême de tous les chrétiens, comme un patrimoine inaliénable auquel tous avaient droit, comme le temple de Dieu sur terre et la base même de l'ordre social. On était donc amené à penser que tout attentat contre cette grande institution était un délit politique, quand ce délit était commis par ceux-là mêmes qui étaient abrités par elle. Ceux qui n'appartenaient en aucune façon à l'Eglise étaient laissés dans la pleine possession de leur liberté; mais ceux qui lui appartenaient par le baptême et ne craignaient pas de s'insurger contre elle, ceux-là étaient réputés d'autant plus coupables, qu'on attachait un plus haut prix à ces biens souverains qu'ils voulaient ravir à leurs concitoyens. Au droit d'un seul on opposait donc le droit de tous, et tout en admettant que la croyance est essentiellement le fait de la libre détermination, on revendiquait le droit de protéger la foi de tous contre les rêveries et les entreprises d'un chacun. Les lois civiles, portées contre les hérétiques, étaient donc, en ce temps-là, l'expression rigoureuse de la conscience universelle. Ces lois se retrouvent partout où les hommes ont vécu en société. « Tous les peuples, sans exception aucune, ont cru qu'ils devaient protéger la conviction religieuse de tous contre les aggressions de quelques-uns. Si donc on voulait élever un blâme, ce blâme atteindrait non tant l'Eglise, que la conscience universelle des peuples chez lesquels s'est rencontrée l'unité religieuse. » Ajoutons qu'au moyen-âge « la législation contre les hérétiques avait pour but de frapper un grand nombre de crimes atroces et de monstrueuses immoralités essentiellement justiciables du Code pénal, bien

plus que les errements proprement dits contre la foi. »
Quant à l'Inquisition d'Espagne, « elle n'a absolument
rien à démêler ni avec l'Eglise, ni avec ses principes.
Elle était la création pure et simple de l'absolutisme
toujours croissant de l'Etat qui se servait du manteau de
la religion pour s'assurer une omnipotence sans limites
et soumettre toutes choses à sa domination[1]. »

Il suit de ce qui précède que l'hérésie cessait naturel-
lement d'être considérée comme un délit politique partout
où l'unité de la foi était rompue, et c'est ce qui arriva en
Allemagne dès 1532. « Cette unité a été détruite par la
faute des hommes et une juste permission de Dieu. Eta-
blie primitivement, non par la contrainte, mais uniquement par la puissance de la parole et de la grâce divine,
par la vertu des chrétiens et le sang des martyrs, c'est
par de tels moyens qu'elle sera sans doute rétablie un
jour. Jusque-là nous devons nous supporter aussi bien
que possible, et c'est le devoir de l'Etat de sauvegarder
le droit et la liberté de tous. »

« C'est donc une absurdité, ajoute Mgr. de Ketteler, de
prétendre qu'il est dans les exigences ou dans les intentions de l'Eglise d'engager les souverains à établir des lois
pénales contre ceux qui abandonnent leur foi. Bien plus,
à part quelques exceptions du temps de la Réforme et des
guerres civiles, les catholiques n'ont exercé dans les derniers siècles aucune violence contre les dissidents. C'est
surtout de la part de l'Eglise et des Papes que rien de
semblable ne s'est produit. En Angleterre, au contraire,
en Suède et dans d'autres pays, on a maintenu presque
jusqu'à nos jours les lois les plus cruelles, non contre

[1] Voyez le *Cardinal Ximenès*, par le Docteur *Hefele*.

8

ceux qui abjurèrent leur religion , mais contre ceux qui restèrent fidèles à la religion de leurs pères. A l'heure qu'il est, tous les débris de ces législations n'ont pas encore disparu, et c'est ce qu'il faudrait ne pas ignorer ! »

« L'Eglise , il est vrai, a toujours revendiqué une autorité corrective sur ceux qui , par la foi et le baptême, sont devenus ses membres. Cette autorité s'exerce par des peines spirituelles et ecclésiastiques. La plus grande de toutes est l'excommunication. Leur but est l'amendement du coupable. » Les moyens extérieurs eux-mêmes n'avaient pas d'autre objet. La famille et la société civile s'en servent dans le but de ramener ou de corriger les délinquants. Il en était de même de l'Eglise. L'emploi de ces moyens dependait de ses rapports avec l'Etat et devait disparaître du moment que ces rapports étaient changés.

Considérant ensuite ces mêmes principes au regard du problème politique de notre temps, Mgr. de Mayence les résume dans les propositions suivantes :

« 1° En thèse générale, l'Eglise considère l'acceptation de la foi religieuse comme le fait d'une détermination propre et intérieure, et elle conteste au pouvoir civil comme au pouvoir ecclésiastique, le droit de l'influencer par l'emploi d'une contrainte extérieure. »

2° « La punition des hérétiques par l'Eglise , dans des cas relativement peu nombreux, n'avait donc point son principe dans le désir de forcer la conviction religieuse par des moyens extérieurs, mais dans la persuasion que le chrétien avait contracté par le baptême des obligations dont l'accomplissement pouvait être exigé. Cette punition extérieure ne se rencontrait que dans des cas spéciaux, quand il s'agissait d'hérétiques déclarés et formels, dans le sens indiqué plus haut. Des protestants validement baptisés se trouvent sans doute unis, sous certains rapports, à l'Eglise catholique. Mais abstraction faite de toutes les autres raisons qui indiquent suffisamment que l'Eglise catholique ne saurait avoir la moindre intention d'exercer contre eux une contrainte extérieure, il est évident que le principe de l'hérésie formelle et punissable (*punibilis*) ne peut être invoqué contre eux, et, pour toutes ces raisons, la crainte qui prête à l'Eglise une telle intention, n'est qu'un vain épouvantail et un vain fantôme. »

3° « L'hérésie, considérée comme *délit politique*, présupposait l'unité de la foi. Cette unité étant disparue, ce délit a également disparu de nos Codes. »

4° « Là où des communions dissidentes subsistent conformément aux lois civiles établies, un prince catholique est tenu de leur assurer la pleine protection des lois, et s'il avait recours à la contrainte matérielle, il manquerait aux principes de sa propre Eglise [1]. »

5° « C'est en ce sens qu'en Allemagne l'Eglise *luthérienne* et *réformée* subsistent de plein droit à côté de l'Eglise catholique; et un prince catholique leur doit sans aucun doute la protection, l'intérêt et la sollicitude qu'exige leur situation légale. »

6° « L'Eglise laisse à la libre décision du pouvoir civil de déterminer dans quelle mesure il accordera à d'autres associations religieuses une existence libre et corporative. Il n'est aucun principe de l'Eglise qui défende à un catholique de penser que, dans les circonstances données, ce que le pouvoir civil a de mieux à faire, c'est d'accorder

[1] Cf. *Becanus* de fide tenendà hæreticis.

une liberté religieuse *pleine et entière,* sauf la restriction
que nous allons indiquer dans les lignes qui suivent. »

7º « La limite que nous avons fixée plus haut à la liberté
religieuse, nous devons la considérer, en effet, comme
une exigence de la raison et du christianisme, et, par-
tant, regarder comme un abus, lorsque sous prétexte de
liberté religieuse, l'Etat tolère des sectes qui nient le Dieu
personnel et mettent en danger les principes mêmes de
la morale. Une telle conduite est en pleine contradiction
avec le droit et le devoir de l'autorité souveraine. En
effet, Dieu est le principe de l'autorité. Elle ne saurait
donc commettre de plus grand abus, que de laisser nier
Dieu. En second lieu, le but de l'autorité est de sauvegarder la paix et la justice sur terre; or, ni l'une ni l'autre
n'est possible sans moralité, pas plus que la moralité
n'est possible sans la crainte de Dieu. »

8º « L'Eglise, cependant, ne cessera de faire valoir sur
ceux qui lui appartiennent le pouvoir que Jésus-Christ
lui a conféré, notamment le droit d'exclure de sa communion ceux qui renient leur foi. »

XII.

Liberté de l'Eglise.

La première condition de la vie de l'Eglise, le principal
ressort de sa mission de salut dans le monde, c'est *sa
liberté.* Libre, elle pénètre et vivifie toutes choses de sa
vertu divine. Enchaînée, elle voit les âmes haletantes lui
demander le salut sans qu'elle puisse étendre vers elles
ses mains chargées de liens. Et cependant, depuis trois

siècles, les pouvoirs politiques ont usé tout leur génie et toute leur puissance à l'humilier et à l'asservir. L'autocratie religieuse des princes une fois établie par les maximes protestantes, les rois catholiques ont essayé, à leur tour, d'assujettir, autant qu'il était en eux, le gouvernement de l'Eglise. De ces efforts est né le gallicanisme parlementaire en France, le josephisme en Allemagne. Traditions néfastes d'asservissement religieux, le faux libéralisme de la révolution les a recueillies et les continue. Tout ce que l'absolutisme, la bureaucratie, la police, l'apostasie et la trahison ont pu arracher à l'Eglise, il le déclare aboli de plein droit. Et tout en consentant à accorder aux autres croyances et même aux associations les plus impies l'autonomie la plus complète, il maintient l'intolérable prétention de règlementer le gouvernement intérieur de l'Eglise et de soumettre les points les plus essentiels de sa discipline, tels que les communications des évêques avec Rome, la collation des dignités ecclésiastiques, l'éducation du clergé, le droit d'enseigner, au caprice de ses exigences, de ses haines ou de ses terreurs. La question étant ainsi posée, il importe de la résoudre; car de la liberté ou de la servitude de l'Eglise dépend l'avenir même du monde.

Qu'est ce que la liberté de l'Eglise? C'est le droit qu'a l'Eglise *de s'administrer elle-même* d'après ses *propres principes*, tout en restant soumise à la loi, mais seulement à la *loi commune* de l'Etat.

Pour nous, la liberté de l'Eglise n'est pas le *privilége*, pas plus qu'un droit légitimement établi ou acquis n'est un privilége. Pour nous, cette liberté n'est pas non plus *l'indépendance* absolue de l'Eglise, ou pour mieux dire, l'indépendance des membres de l'Eglise vis-à-vis de l'Etat. Le catholique se soumet aux lois, concourt à la défense du pays, accepte sa part des charges publiques, remplit, en un mot, tous ses devoirs de citoyen. L'Eglise ne demande donc ni le privilége, ni l'indépendance. Elle ne réclame que son *autonomie*, elle ne revendique que cette liberté indispensable et tutélaire qui seule peut la garantir contre les empiètements et l'ingérence oppressive de l'Etat. Elle la revendique au nom de sa mission divine, au nom du droit européen, au nom de son immuable constitution, au nom de tous les catholiques dont les intérêts immortels sont inséparables de ses propres intérêts. Pour elle, il y a là une question de vie ou de mort. Suivant que son autonomie sera respectée ou opprimée, la vie de l'Eglise sera énergique ou languissante, ses ministres seront les organes de Dieu ou les instruments du pouvoir, la science ecclésiastique sera cultivée ou abandonnée, et la société elle-même sera dans un état de prospérité croissante ou de profond malaise.

Dira-t-on peut-être que la liberté dans l'Eglise est une chimère, parce que son enseignement repose sur le principe d'autorité? Dira-t-on que cette liberté ne profite qu'aux prêtres et qu'elle est inutile aux fidèles, parce que le corps sacerdotal les tient dans une humiliante tutelle? Mais pour montrer l'inanité de ces objections, ne suffit-il pas de rapppeler quelques-uns de ces principes élémentaires et lumineux qui sont le fond impérissable de la raison et du bon sens? Quoi donc? La liberté est-elle incompatible avec l'autorité? Est-elle affranchie de toute loi et de toute règle? Est-elle une indépendance sans frein et sans limites? Est-elle, en un mot, l'anarchie des intelligences et la licence des volontés? Mais qui ne voit qu'une telle anarchie, loin d'être la liberté, serait le

comble même de l'avilissement et de la servitude? Qui
ne voit qu'il n'y a nulle liberté réelle en dehors des lois
de l'ordre et que l'ordre est impossible sans une autorité
qui en forme le centre, le principe et l'unité? L'autorité
étant indispensable, quelle est celle sur laquelle s'appuie
la foi du catholique? C'est l'autorité qui enseigne et l'autorité qui gouverne; l'une qui transmet la doctrine de
Jésus-Christ et des apôtres; l'autre qui applique les lois
promulguées par Jésus-Christ et les apôtres. Or l'une et
l'autre suppose une triple vérité: la divinité de Jésus-
Christ; l'institution de l'Eglise par le Christ; l'établisse-
ment d'une autorité enseignante et dirigeante dans cette
Eglise. Cette triple vérité admise, tout le reste suit avec
une évidence géométrique. Que fait donc la raison du
croyant?

Elle pose un acte souverainement raisonnable en ad-
hérant, après un mûr examen, à l'évidence de ces trois
grandes vérités. Et comme elle sait qu'une vérité ne saurait en contredire une autre, parce qu'elles émanent
toutes du même Dieu, elle scrute avec une intrépide
confiance les mystères de la nature et les annales de
l'humanité, les replis cachés de l'esprit humain et les
énigmes profondes du ciel et de la terre. Elle n'exclut
rien de sa vaste synthèse, rien sinon l'erreur et le so-
phisme, et crée ainsi, par un puissant travail de re-
cherche et d'organisation, la science catholique; science
incomparable par son étendue, son unité, son harmonie,
sa perpétuité, son élévation et sa profondeur; science
qui fait pâlir tant de systèmes éphémères qui s'évanouis-
sent le plus souvent, après un éclat de quelques jours ou
de quelques années, dans un éternel oubli.

Que si on l'appelle au combat, gardons-nous de croire

qu'elle se soucie de l'éviter. Loin de reculer devant la discussion, voilà dix-huit siècles qu'elle argumente, qu'elle discute et qu'elle triomphe. Où donc est la servitude de la raison? Serait-elle dans l'assentiment libre et réfléchi qu'elle donne à l'évidence d'une si grande et si sublime doctrine? Mais cette adhésion à l'évidence n'est-elle donc pas le droit, n'est-elle pas le devoir, n'est-elle pas l'honneur de la raison humaine? Et la science *prétendue libre* peut-elle en dire autant, lorsque dans l'inconstance de ses principes et de ses méthodes, elle ne poursuit trop souvent que des fantaisies et des chimères? Quand donc nous réclamons les droits et la liberté de l'Eglise, ce n'est pas quelque intérêt mesquin et égoïste du clergé, c'est la liberté, ce sont les droits de la raison elle-même que nous revendiquons, et l'objection qu'on tourne contre nous, retombe de tout son poids sur ceux qui la proposent.

Si, d'un côté, la liberté de l'Eglise n'est pas synonyme de *privilége*, elle ne signifie pas davantage, nous l'avons déjà dit, la *séparation* de l'Eglise et de l'Etat. D'abord une séparation complète est impossible. Ensuite l'autonomie respective de la société civile et religieuse, non-seulement ne détruit pas leur concours mutuel, mais en favorise l'harmonie et la concorde. Pour être *autonomes*, s'ensuit-il que la *famille* et la *cité* soient séparées de l'Etat? Non, la famille, l'Eglise, la cité et l'Etat forment autant de sphères distinctes, régies chacune suivant ses lois propres, mais unies ensemble par des rapports nécessaires. Maintenir l'autonomie de chaque sphère, tout en respectant les liens de leur union, là est la solution du problème qui nous occupe. La paix et la félicité des peuples seront à ce prix. L'Eglise, par son enseignement, imprimera au pouvoir un caractère plus relevé ; elle contribuera à mieux faire respecter les lois, elle réformera les mœurs, elle flétrira l'esprit de trouble et de révolte, elle appuiera les institutions si fragiles du temps sur les bases inébranlables de l'ordre moral et assurera ainsi la stabilité du pouvoir non moins que le progrès et le bon ordre de la Société. L'Etat, de son côté, respectera les droits de l'Eglise, lui laissera la faculté d'exercer sa sainte mission, et obéira au vœu des peuples non moins qu'à un impérieux devoir de son institution, en écartant les entraves qui enchaîneraient la libre et bienfaisante action de l'Eglise dans le monde.

De là, comme corollaire, la *liberté d'enseignement*. Comment les publicistes de l'école révolutionnaire, fauteurs infatigables de l'autocratie de l'Etat, pourraient-ils revendiquer pour ce dernier le privilège monstrueux d'enseigner *seul*, au mépris de tous les droits de la famille et de l'Eglise, la jeunesse d'un pays ? Cette doctrine, quand on la considère de près, est-elle autre chose que le code de la tyrannie la plus dégradante imposée au sanctuaire même de la conscience ? L'exposer, n'est-ce pas, ce semble, la juger ? Mais les passions sont aveugles et l'égoïsme des gouvernements, soutenu des maximes à la fois serviles et oppressives des courtisans de la révolution, crée une tendance assez fréquente à sacrifier la conscience de l'enfant, du chrétien et du père de famille à l'omnipotence de l'Etat enseignant. Cette doctrine, il faut la combattre à outrance. Si le monde était condamné à la subir un jour dans toute son odieuse rigueur, nul ne pourrait dire jusqu'à quel degré d'abaissement et d'humiliation descendrait la société européenne. Que l'Etat maintienne ses droits, cela se comprend. Mais qu'il respècte en même temps les droits de la famille et de l'Église, responsables, elles aussi, de l'âme et de l'avenir de leurs enfants. Ce respect du droit est la loi de l'ordre. L'autonomie de toutes les grandes institutions sociales en sera la conséquence. Est-il besoin d'ajouter que le monopole absorbant de l'Etat en serait le renversement complet et la source des plus redoutables calamités ?

XIII.

La Société moderne.

Notre siècle a été témoin d'une immense transformation politique et sociale. L'ancien régime est mort et une société nouvelle s'est formée sur les ruines d'un monde évanoui. Nous comprenons le sentiment qu'éprouvent tant de nobles âmes en face d'un passé qui inscrit dans ses annales le siècle de Charlemagne et celui de Saint-Louis, le siècle de Léon X et le siècle de Louis XIV. Nous comprenons le culte affectueux qui défend contre la triple conjuration de la haine, de l'ignorance et du mensonge tant de vénérables institutions et tant d'impérissables souvenirs des temps qui ne sont plus. Nous comprenons enfin l'admiration profonde et convaincue que beaucoup des défenseurs les plus éminents de l'Eglise et de la liberté ont vouée à une époque qui compte tant de grands caractères, tant d'illustres pontifes, tant de merveilleuses créations du génie et de la charité, tant de saints et de héros.

Sunt lacrymæ rerum et mentem mortalia tangunt.

Il faudrait plaindre celui qui, à l'instar des sectaires

de la révolution, méconnaîtrait, dans le fol orgueil de
ses pensées et l'impuissante stérilité de ses rêves, les
grands hommes et les grandes choses d'autrefois. Il faudrait plaindre celui qui n'éprouverait que de l'indifférence
et du dédain pour l'œuvre de ses pères, celui dont la
courte sagesse voudrait assurer l'immortalité à ses faibles
labeurs et à ses ambitieux efforts, quand lui-même n'a
que des anathêmes et des mépris pour les efforts et les
labeurs de ceux qui l'ont précédé dans la voie ardue et
glorieuse de la civilisation chrétienne. Mais en rendant
pleinement hommage au passé, gardons-nous toutefois
des illusions qui nous feraient méconnaître les vivantes
et impérieuses réalités du présent. Sachons envisager,
d'un regard ferme et sûr, la situation du monde contemporain, et cherchons, s'il se peut, à dégager de cette situation la loi de l'avenir.

Quels sont donc les traits principaux qui caractérisent
ce monde nouveau ?

Ce qui frappe d'abord, c'est le discrédit à peu près
universel qui s'attache à tout ce qui de près ou de loin
ressemble au *privilège*; c'est l'attachement passionné
au principe d'*égalité* qui tend à devenir de plus en plus
la base des institutions politiques et sociales.

En d'autres termes, c'est le flot montant de la *démocratie* dont le mouvement irrésistible fait disparaître peu
à peu toutes les formes, toutes les institutions qui ne
sont pas en harmonie avec son principe. L'égalité devant
la loi, l'admissibilité à toutes les charges, le suffrage universel sont autant d'applications pratiques de ce même
principe, et ces faits, nul ne l'ignore, sont aussi éclatants
que la lumière même du soleil.

De là ce régime du *droit commun* ou de la *liberté com-*

mune, considéré presque universellement comme le
corollaire logique de l'égalité civile, et comme la
garantie unique et suprême des intérêts politiques et
religieux de la société moderne.

Cette tendance à substituer dans presque tous les pays
le principe du *droit commun* au régime du *privilège*, constitue, on ne peut le nier, un des caractères les plus sail-
lants de la société politique de notre temps.

De là aussi l'antipathie de plus en plus marquée que
rencontre généralement le pouvoir absolu, le *pouvoir
personnel*, le pouvoir d'un seul. Le but qu'on poursuit,
c'est le *gouvernement du pays par le pays*. Ce qu'on demande, c'est que ce principe s'applique au sein de la ré-
présentation nationale comme dans le plus modeste de
nos hameaux.

Ce qu'on veut, c'est que la *décentralisation* devienne
une réalité, que chaque pays soit remis en possession de
lui-même et que la constitution de chaque peuple sanc-
tionne un ensemble de garanties qui protègent ses intérêts contre l'omnipotence gouvernementale. Le régime
de contrôle qui paraît offrir les garanties les plus com-
plètes et les plus efficaces contre le pouvoir d'un seul,
s'appelle communément le régime *constitutionnel* ou *parlementaire*, et c'est ce régime, en effet, que nous voyons
s'établir de plus en plus dans toutes les contrées de l'Europe et du Nouveau-Monde.

Appliqué depuis de longues années en Angleterre et
aux Etats-Unis, le régime parlementaire est en pleine
vigueur en Belgique, en Hollande, en Suisse, en Prusse, en
Bavière et dans tous les autres Etats de la Confédération du
Sud et du Nord de l'Allemagne. Il est devenu également la
base des institutions en Autriche, en Hongrie, en Por-

tugal, en Espagne, en Italie, dans l'empire du Brésil et
dans les différentes Républiques des deux Amériques.
Un récent sénatus-consulte vient de le rétablir en France
où il avait déjà jeté de profondes racines depuis 1815
jusqu'en 1848. On peut donc affirmer, qu'à l'heure qu'il
est, cette forme de gouvernement est devenue le régime
politique de presque tous les peuples du monde moderne.

Un autre caractère de ces institutions, c'est qu'elles
tendent invinciblement à s'implanter là où elles n'existent
pas encore et persistent à se relever partout où une
cause quelconque les avait fait disparaître. Malgré les
oscillations, les tâtonnements, les reculs, les réactions,
les déceptions et les mécomptes de tout genre dont l'histoire de ce siècle nous offre tant d'exemples, on constate
un mouvement persévérant, souvent arrêté, souvent en-
travé, jamais anéanti, qui tend à réaliser dans les constitutions et les lois des peuples, les différents principes de
gouvernement que nous avons énumérés plus haut.

Le sentiment qui domine ces tendances et ces aspirations, c'est que le développement des institutions s'accom-
plisse dans des conditions d'ordre, de paix, de tranquillité
sans lesquelles nul progrès ne saurait être ni efficace
ni durable. Après tant d'ébranlements et tant de doulou-
reux efforts, la société éprouve une répugnance instinc-
tive contre les partis dont les programmes ne serviraient
qu'à perpétuer les dissensions, les luttes et les souf-
frances. Elle veut l'accord de la liberté et de l'autorité.
Elle veut l'ordre qui résulte de cet accord. Elle repousse
à la fois les dictateurs et les tribuns. Elle n'accepte les
uns que comme un remède temporaire ou un pis aller;
elle ne subit les autres que comme un châtiment et un

malheur. Lasse de bouleversements et de ruines, elle
n'attend aucun progrés sérieux, aucune institution durable
des coups de la violence ou des entreprises de la force.
Elle veut un progrès régulier et non des réactions ; des
réformes et non des révolutions. Elle sait par une longue
et pénible expérience que les réactions sont une impasse ;
les révolutions une crise mortelle ; les unes et les autres
une source féconde de calamités et d'erreurs. Ni *réaction*,
ni *révolution*, telle est la conviction qui domine toutes
les dissidences des intérêts, des opinions et des partis ;
tel est, on ne peut en douter, le sentiment le plus impérieux et le plus universel du monde moderne.

XIV.

Conclusion.

Qu'il nous soit permis d'insister, en finissant, sur la
gravité du mal signalé par Mgr. de Mayence, et sur
l'opportunité, pour ne pas dire l'urgence du remède
qu'il propose. Le mal, on l'a vu, c'est l'absolutisme centralisateur dans les gouvernements et l'égoïsme dans les
mœurs. Le remède sera donc le *self-government* dans les
institutions et la vertu chrétienne dans les cœurs. Hors
de là, tout sera vain et impuissant, et la société, isolée
en quelque sorte des lois de la vie, traversera rapidement,
comme un malade agité d'une fièvre mortelle, les phases
de décadence qui annoncent la fin des nations condamnées
à périr.

Trois siècles d'absolutisme ont creusé le tombeau des
libertés politiques de la vieille Europe et accumulé sur la

tête des rois le fardeau d'un pouvoir sous le poids duquel,
au jour des grandes luttes, leur fortune a ployé et s'est
évanouie soudain. Le pouvoir absolu un instant disparu,
les dictateurs l'ont saisi au milieu du sang et des ruines,
et l'ont relevé plus fort que jamais. Continuant en ce sens
l'œuvre de l'antique monarchie, ils ont porté les derniers coups à l'autonomie du pays et donné la dernière
main à la toute-puissance administrative de l'Etat. Ce
n'est pas tout. Après avoir fait passer les provinces sous
le niveau de l'Etat, la Révolution annonce qu'elle absor-
bera le pays dans les nationalités, les nationalités dans
les races, les races dans une démocratie universelle et
sociale, rêve insensé d'une unité gigantesque dont la
tyrannie légale et sacrée, personnifiée dans l'Etat souverain, exercée par quelques hardis triumvirs, sanctionnée
par le geôlier, l'exil et la mort, broiera les peuples sous
le mécanisme d'une monstrueuse centralisation. Sacrifier
le droit historique aux conceptions rationnelles, immoler
des libertés vivantes à des formules légales, entraver toute
initiative privée, régenter toute association spontanée,
imprimer à toutes choses un cachet officiel, absorber le pays
dans le gouvernement, sauf à faire périr ce dernier sous
l'excès de son principe, n'est-ce pas ce que voulait l'absolutisme de l'ancien régime, n'est-ce pas ce que veut, ce
que fait encore la démagogie révolutionnaire? Le travail
des apôtres et des soldats de l'*Idée* a-t-il un autre but?
La marche générale de la politique n'a-t-elle pas abouti
trop souvent au même résultat? Ne dirait-on pas que
l'*unification* et la *centralisation* de tous les pouvoirs ont
été pendant de longues années à l'ordre du jour? A
l'exception de l'Angleterre, si justement fière de ses
institutions traditionnelles et de ses antiques libertés,

quel est le pays de l'Europe qui n'ait cédé, à diverses
époques, à la tentation de rompre avec les libertés et les
franchises du passé, de déchirer les derniers lambeaux
de son autonomie, et de consacrer, soit en principe, soit
de fait, le pouvoir absolu de l'Etat? Est-ce erreur ou lassi-
tude? On ne sait; mais toujours est-il que le monde semble
avoir été pris, à certaines heures, comme d'un vertige
d'abdication et de servitude, et qu'à chaque nouvelle
révolution, un redoublement de terreur a amoindri les
âmes et abaissé les courages. De là, comme trait distinctif de ces périodes de nivellement et de prostration,
le défaut d'originalité puissante dans la vie et dans les
œuvres, dans les arts et dans la littérature. De là un
certain effacement des caractères, une certaine langueur
des vertus publiques, une certaine mollesse égoïste et
vulgaire des habitudes. Et cet empire déplorable de la
fantaisie dans les travaux de l'esprit, et cette tendance
réaliste de l'activité extérieure, et cette imitation ser-
vile de la nature, et ce romantisme présomptueux qui
dédaigne toutes les règles, et cet amoindrissement du
sens moral qui s'incline avec une si lamentable com-
plaisance devant le mal triomphant, tous ces symptômes de faiblesse et de défaillance, ne faut-il pas les
rapporter en grande partie à la même cause? Ne sont-ce
pas les fruits en même temps que les auxiliaires de cet
égoïsme corrupteur qui tend, par la double voie de
l'anarchie et du despotisme, à l'asservissement moral
des âmes et à l'assujettissement politique des peuples?
Le danger du monde social est donc celui que signale Mgr.
de Ketteler; le problème qui nous tient en suspens est
celui-là même qu'il résout. Dès-lors, l'hésitation n'est
plus possible. Le dilemme nous presse. Il faut accepter

la solution, ou se résigner à subir, avec une stoïque apathie, le châtiment de l'avenir.

Que le monde contemporain rejette les doctrines d'asservissement et de désordre, d'impiété et d'égoïsme, qui l'obsèdent et le fatiguent, et il vivra. Que si, abusé par les sophistes, assoupi par les hypocrites, paralysé par la violence ou la terreur, saturé d'incrédulité et de vices, il consentait à abdiquer devant les dictateurs ou les tribuns et se glorifiait de son effacement religieux et politique, comme un coupable s'enorgueillirait de son humiliation, alors il faudrait se hâter de clore les annales du passé et quelque nouveau Tacite pourrait s'apprêter à venger l'humanité du mépris de ses nouveaux dominateurs.

PIÈCES JUSTIFICATIVES

I

La doctrine des Encycliques et le *Journal de Colmar*.

Nous lisons dans le numéro de jeudi du *Journal de Colmar* :

« Ce que les cléricaux catholiques veulent, nous le savons par les concordats et. par l'Encyclique *Quantâ curâ* de 1864.

« Ils traitent de *délire* la liberté de conscience et des cultes. Ils déclarent que *n'est pas catholique*, quiconque admet la séparation de l'Eglise et de l'Etat, la liberté d'enseignement, de la presse, de l'association.

« Ce despotisme effroyable, mortel pour les nations qui le subissent, les cléricaux entendent que les gouvernements leur prêtent leur concours pour l'imposer, au besoin, par la violence et la persécution.

Toutes ces assertions sont autant de graves et de capitales erreurs.

Ce que condamnent les encycliques des Souverains-Pontifes, faut-il le redire pour la centième fois ? — c'est *l'indifférentisme* religieux *(indifferentismum scilicet)* qui prétend que *toutes* les religions sont également vraies ou fausses, également bonnes ou mauvaises.

Qu'y a-t-il là de si extraordinaire ?

Et, vous-même, mettez-vous par hasard sur la même

ligne les enseignements du christianisme et le fétichisme des Océaniens ?

Ce que condamnent en second lieu les encycliques, c'est la liberté de conscience et des cultes , *illimitée* (CUILIBET, CUJUSQUE CULTUS, OMNIMODAM LIBERTATEM) qui découle de cet *indifférentisme*.

Et vous, citez-nous donc un pays, une constitution quelconque qui consacre cette liberté *illimitée ?* Est-ce que la *libre* Amérique n'a pas expulsé du sein de la République les Mormons polygames ? Est-ce que le Parlement de la *libre* Angleterre n'a pas défendu, il y a quelques années à peine, l'émigration des Chinois en Australie, parce que leurs superstitions et leurs mœurs détestables dépravaient ce pays ? Est-ce que vous prétendez qu'en France la liberté des cultes doive s'étendre jusqu'à ces superstitions monstrueuses de l'Indoustan et de quelques autres pays de l'Asie, quand, aux yeux de tous, ces égarements sont la honte de l'humanité et apparaîtraient au milieu de nous comme un défi solennel jeté à la civilisation ?

Ce que repoussent les encycliques , c'est la liberté *illimitée* de la presse (QUÆLIBET *scripta*, QUASLIBET *opiniones.*) Ici encore, veuillez nous faire connaître le pays et la constitution qui proclament cette liberté *illimitée*. Et si vous citez l'Angleterre, dites-nous donc pourquoi, lors du voyage de l'Empereur dans ce pays, les tribunaux anglais expulsèrent certains journalistes pour avoir parlé en termes irrévérencieux de la Reine ?

Vous dites que nous qualifions d'hérésie la « séparation de l'Eglise et de l'Etat. » Mais les catholiques des Etats-Unis s'en accommodent fort bien. Allez donc leur demander s'ils ont cessé d'être catholiques.

Restent les libertés d'enseignements et d'association !
Mais les catholiques de France, sans exception aucune,
ont lutté pendant trente ans, pour revendiquer ces libertés sans aucun monopole, ni privilége, se plaçant uniquement sur le terrain du droit commun et de la liberté
commune. Et qui donc s'est avisé de dire qu'ils étaient
en » délire » ? Et quand les papes ont soutenu et encou-
ragé leurs efforts, prétendaient-ils par hasard qu'ils avaient
cessé d'être catholiques.

C'est une profonde injustice de rendre la Papauté et
l'Eglise catholique solidaires de toutes les opinions et de
toutes les interprétations qui peuvent se rencontrer dans
certains livres ou dans certains journaux. C'est confondre
étrangement l'unité du dogme religieux avec la variété
et la divergence des opinions livrées à la dispute des
hommes. C'est créer des monstres et des chimères pour
avoir le plaisir de les combattre et soulever des objections
ridicules pour se ménager de faciles triomphes.

Les prélats les plus illustres, Nosseigneurs d'Orléans et
de Grenoble en France, Mgr de Mayence en Allemagne,
ont victorieusement établi que pour tout homme qui sait
entendre et comprendre, il n'est pas une seule des *véritables
libertés modernes* qui soit condamnée par les actes pontifi-
caux qu'on a si mal traduits et encore bien plus mal inter-
prétés. Ce qu'ils censurent et réprouvent, c'est le côté
excessif et *exclusif,* c'est le sens *absolu* et *illimité* de
certaines doctrines qui appartiennent, comme toutes les
théories et toutes les institutions politiques, à l'ordre des
faits contingents et relatifs de l'histoire du monde. Ce
qu'ils condamnent, le bon sens, la saine philosophie, la
raison politique de tous les temps le condamnent comme
eux. Et nous croyons qu'en pareille matière, la théologie

des prélats éminents que nous avons cités, vaut bien, à tout prendre, la théologie du *Journal de Colmar*.

Que signifie dès lors ce « despotisme effroyable » dont parle le *Journal de Colmar ?* Singulier despotisme, en effet, que celui qui admet et comporte toutes les libertés modernes ! Singulier despotisme que celui qui, depuis bientôt un siècle, subit toutes les spoliations, toutes les persécutions et toutes les servitudes qu'il plaît à la Révolution de lui infliger. Singuliers despotes que ces catholiques, écrasés pendant trois siècles en Irlande, victimes privilégiées du faux libéralisme en France, en Italie et dans toute l'Europe, et qui font entendre, en ce moment même sous la verge des autocrates, les derniers soupirs de la Pologne. Vraiment, l'heure est bien choisie pour les représenter comme les courtisans du « bras séculier » et les séides « de la violence et de la persécution. »

A. Guthlin (*Alsace*, 4 juillet 1869).

II.

Une conscience scrupuleuse rassurée.

Dans son numéro de jeudi, le *Journal de Colmar* essaie de répondre, par la plume de son rédacteur en chef, à l'article dans lequel nous avons réfuté son étrange théorie touchant les encycliques des Souverains Pontifes. Cette théorie, nos lecteurs s'en souviennent, se résumait dans ce dilemme : Ou cessez d'être catholiques, ou repoussez toutes les libertés modernes ; hérétiques ou mauvais citoyens : pas de milieu, et il faut opter entre les deux.

Nous avons établi qu'on peut être catholique et pratiquer résolument le régime des libertés modernes. Nous avons invoqué, à ce sujet, l'autorité des prélats les plus illustres de France et d'Allemagne, ajoutant qu'entre leur théologie et celle du *Journal de Colmar* le choix ne pouvait être douteux.

Voilà pour la question de droit. Quant à la question de fait, les catholiques de France, de Belgique, d'Angleterre, etc., peuvent prêter, en toute sûreté de conscience, le serment de fidélité aux constitutions qui reposent sur le principe des libertés modernes. Rome admet ce serment. Les catholiques l'observent avec une scrupuleuse loyauté. Le dilemme du *Journal de Colmar* est donc une pure illusion et une pure erreur. On peut rester bon catholique et pratiquer fidèlement les libertés consacrées par les lois de son pays. Ce point est hors de doute et reste désormais acquis à la discussion.

Nous pourrions nous en tenir là. Mais nous devons à notre contradicteur de relever quelques détails de sa réponse. Nous le ferons en peu de mots, sans nous préoccuper le moins du monde de ce qui n'importe nullement à la question, et nous faisant une loi de maintenir à ce débat la dignité qu'exige l'importance de son objet.

Et d'abord que le *Journal de Colmar* nous pardonne de le lui dire. Il est malheureux dans l'exposé de nos sentiments et de nos doctrines. Nous avons écrit dans l'*Alsace* du 4 juillet : « Ce que condamnent les encycliques des Souverains-Pontifes, faut-il le redire pour la centième fois ? — C'est l'*indifférentisme* religieux (*indifferentismum scilicet*) qui prétend que *toutes* les religions sont également vraies ou fausses, également bonnes ou mauvaises. »

« On a *donc* — conclue le *Journal de Colmar* — on a *donc* devant Dieu et en bonne conscience le droit d'être *catholique*, *juif* et *protestant* et M. l'abbé Marotte se trompe avec l'évêque de Strasbourg en enseignant dans son catéchisme (p. 58) que hors de l'Eglise romaine il n'y a point de salut, parce qu'en mourant luthérien ou israélite, on meurt *ipso facto* en état de péché mortel. »

C'est-à-dire, que vous nous prêtez tout juste le contraire de ce que nous avons affirmé. Où nous avons dit *oui*, vous nous faites dire *non*. Où nous avons flétri l'indifférentisme religieux, vous nous accusez de l'avoir soutenu. A Dieu ne plaise que nous mettions en doute votre bonne foi. Mais croyons nous, avant d'aborder les questions théologiques donnez-vous la peine d'étudier le plus mince volume de théologie. Vous comprendrez alors que nous savons parfaitement distinguer entre l'hérésie *matérielle* et l'hérésie *formelle*, entre l'erreur de *bonne foi* et l'erreur de *mauvaise foi*, entre ceux qui peuvent appartenir à l'*âme* de l'Eglise sans faire partie du *corps* ou de l'organisme visible de cette même Eglise. Vous ne feriez pas le procès au catéchisme de M. l'abbé Marotte, ni à l'approbation donnée par Mgr. « l'évêque de Strasbourg » à ce catéchisme, et vous vous garderiez bien d'écrire dans votre journal des phrases que vous jugez sans doute irréprochables, mais qui ont le grave inconvénient de faire sourire quiconque à la plus légère teinture de ces questions.

Vous continuez ce que vous appelez le « résumé » de mon article en disant: « Où Pie IX a entendu mettre protestantisme, M. l'abbé Guthlin veut que nous lisions mormonisme, fétichisme, superstitions odieuses, soit. »

Je vous ai dit que l'encyclique condamnait la liberté

des cultes *illimitée* (OMNIMODAM *libertatem*). Je vous ai dit que cette liberté *illimitée* n'a existé *jamais* ni nulle part. Je vous ai demandé si vous-même vous l'admettiez cette liberté *illimitée;* si vous-même vous l'étendriez à ces superstitions monstrueuses qui sont la honte de la civilisation. J'attends toujours votre réponse et je serais curieux de savoir si vous revendiquez bien sérieusement l'introuvable trouvaille d'une tolérance absolue et *illimitée.*

Voulez-vous connaître au reste, ce que Pie IX pense à ce sujet? Mgr Dupanloup vous le dira. Voici les paroles qu'il tient de la bouche même du Souverain-Pontife : « Les juifs et les protestants, disait-il, sont *libres* et tranquilles chez moi. Les juifs ont leur synagogue dans le *ghetto* et les protestants leur temple à la Porte du peuple.

Et pour vous convaincre qu'il ne s'agit pas uniquement de fétichistes et de mormons, un diplomate éminent, M. Sauzet qui a longtemps vécu à Rome vous dira ici : « Rome fut de tout temps le refuge des juifs, et ils la « nommèrent eux-mêmes leur paradis, au moyen-âge, « alors que les barbaries de l'ignorance les persécutaient « impitoyablement par toute l'Europe. » [1]

Faut-il rappeler que Pie IX a donné le marbre pour la statue de Washington, et envoyé des aumônes aux protestants inondés des Pays-Bas, aux schismatiques ruinés par le tremblement de terre de Corinthe en même temps qu'aux catholiques d'Irlande ?[2]

Vous contestez que la *libre* Amérique ait expulsé les

[1] *Rome devant l'Europe.*
[2] La *Convention du 15 septembre, etc.*, par Mgr Dupanloup.

Mormons polygames du sein de la république. J'ai suivi très-attentivement toutes les phases de la lutte engagée par les Etats-Unis contre les Mormons. C'était une vérité généralement admise en 1858 que les doctrines et les pratiques étranges du Mormonisme étaient la principale cause de la guerre. Si du reste les Etats-Unis avaient reconnu les Mormons comme tant d'autres sectes, comment les *saints du dernier jour* auraient-ils eu leurs martyrs? Pourquoi durent-ils émigrer de l'Etat d'Ohio dans le comté de Jackson, du comté de Jackson dans celui de Clay, enfin de ce dernier dans le territoire d'Utah, où ayant fondé une ville ils se sont soumis à une organisation qui en a fait une véritable nation?

Quant à l'immigration des Chinois dans les colonies du Pacifique, il est incontestable que le Parlement d'Angleterre a voté les lois dont nous avons parlé et pour le motif même que nous avons indiqué. Que ces lois aient été rapportées par des actes plus récents du Parlement, peu importe; il suffit qu'elles aient été portées. Est-ce que ce même Parlement n'a pas renouvelé, il y a peu d'années, la sanction pénale de la loi du dimanche? Est-ce que la *libre* Angleterre n'a pas ses grands jours de jeûne et de prières publiques? Est-ce que ce même fait ne se produit pas dans la *libre* Amérique? Est-ce que le président Lincoln, dans tout le cours de la guerre qui a désolé les Etats-Unis, n'a pas sans cesse ordonné des prières? Est-ce que la *libre* Angleterre ne poursuit pas, par les ordonnances les plus rigoureuses, certaines superstitions cruelles de l'Indoustan? Encore une fois où avez-vous pris que les deux nations les plus libres du monde pratiquent une liberté de conscience *illimitée*?

Vous nous parlez de M. « Renan et de tant de professeurs, qui ont été écartés depuis trente ans du collége de France et de nos écoles. » Est-ce que cela nous regarde? Faites le procès à l'Université qui a le *monopole* de l'enseignement supérieur. C'est son affaire et non la nôtre. Proclamez donc la liberté de cet enseignement et tenez pour sûr qu'on saura vous répondre. En attendant, comme ce monopole s'exerce aux frais de tous les contribuables, nous maintenons, comme vous, notre droit de critique dans les nominations.

En résumé, nous avons établi que la doctrine des encycliques condamne, non l'application raisonnable et légitime des libertés modernes, mais le sens *absolu*, *illimité* et par là même erroné que les théoriciens révolutionnaires donnent à ces libertés. Les autorités que nous avons citées ne vous paraissent-elles pas suffisantes et craignez-vous que le « doctrinaire privilégié » de l'*Alsace* ne se perde, « snr la pente où a glissé Lammenais? » Voici de quoi rassurer votre orthodoxie alarmée. Dans une note communiquée, nous assure-t-on, par le Pape lui-même, à la *Civilta cattolica*, au mois d'octobre 1863, il est déclaré, que les libertés modernes, considérées comme *thèse*, c'est-à-dire comme des principes *absolus* qui doivent être appliqués, comme tels, en tout temps et en tout lieu, constituent des erreurs que les catholiques ne peuvent accepter. Considérées comme *hypothèse*, c'est-à-dire comme des institutions qui correspondent aux circonstances et aux besoins sociaux d'un pays et d'une époque, ces mêmes *libertés peuvent être* AIMÉES, SERVIES, DÉFENDUES *par les catholiques*.

Vous le voyez ce que condamnent ou approuvent les Souverains-pontifes, le bon sens, la saine philosophie, la raison politique de tous les temps le condamnent ou

l'approuvent comme eux. Que le *Journal de Colmar* se
tranquillise. Sans cesser d'être catholiques, nous pourrons *aimer*, *servir* et *défendre* les institutions de notre
pays.

> A. GUTHLIN. (*Alsace* du 11 juillet 1869.)

III

Lettre de M. Léon Lefébure à M. le rédacteur en chef de l'*Industriel alsacien*.

M. Léon Lefébure, élu député au Corps législatif, a
adressé à l'*Industriel alsacien* la lettre suivante :

> Orbey, 11 juin 1869.

A M. le Rédacteur en chef de l'*Industriel alsacien*.

Monsieur,

Je viens de prendre connaissance de votre numéro du
mercredi 9 juin, où vous faites une si étrange appréciation de la lutte électorale dans la 1re circonscription du
Haut-Rhin. Vous m'avez accoutumé à de telles attaques.
Depuis cinq mois vous les renouvelez avec une violence
et une partialité qui n'ont guère connu de bornes. Vous
avez tenu à vous faire complaisamment l'écho de toutes
les inventions et de toutes les calomnies répandues contre
moi, alors que vous ne connaissiez même pas encore ma
profession de foi et que je ne vous avais fourni aucun
grief. Je ne rechercherai pas, monsieur, à quels mobiles
vous avez pu obéir en entreprenant cette campagne
passionnée et en concentrant tous vos efforts sur ma
candidature.

L'exagération même de votre polémique et le ton qu'elle avait pris devaient m'amener à la dédaigner jusqu'à présent. J'avais lieu de croire d'ailleurs qu'elle cesserait avec la lutte électorale et que, fidèle en cela du moins à un libéralisme dont vous vous êtes peu souvent inspiré, vous vous inclineriez devant le verdict des électeurs quel qu'il fût. Je constate qu'il n'en est rien. Mais vous comprendrez que je ne puisse plus tolérer aujourd'hui des attaques qui n'atteignent plus seulement ma personne, mais qui s'adressent aux 18,000 électeurs dont j'ai eu l'honneur d'obtenir les suffrages.

Empruntant au *Journal de Colmar* ses récits fantaisistes, vous cherchez à dénaturer le caractère de mon élection, vous voulez y voir des manœuvres condamnables, le clergé abusant odieusement de son influence sur les populations. Tout spectateur impartial de la lutte vous affirmera, monsieur, que s'il y a eu des faits qui ne peuvent s'avouer, des faits qui ne sauraient se justifier aux yeux des honnêtes gens, ce n'est point de mon côté qu'il les faut chercher.

Oui, les passions religieuses ont été mises en cause et je le déplore plus que personne, mais est-il besoin de vous apprendre qui en doit porter la responsabilité ?

N'avez-vous pas, sans provocation aucune, dans un moment où la lutte électorale n'était même pas engagée, violemment froissé le sentiment catholique ? Depuis plusieurs mois le journal que vous dirigez n'a-t-il pas pris à tâche de défigurer et de ridiculiser des convictions qu'il était de son devoir de respecter ? Pouvez-vous bien vous étonner de recueillir ce que vous avez semé ? et après avoir en quelque sorte déclaré la guerre aux catho-

liques pouvez-vous être surpris qu'ils aient usé du droit
de se défendre?

En ce qui me touche, j'ai la conscience de n'avoir
fourni aucune raison qui pût justifier les attaques dont
j'ai été l'objet. Depuis des années, en toute circonstance
et récemment encore, dans de nombreuses réunions
électorales, je me suis déclaré partisan résolu de la
liberté religieuse et du droit commun; j'ai repoussé toute
idée de privilège. Je n'ai réclamé pour mes convictions
que la liberté et le respect; je n'ai demandé pour moi
que ce que je suis prêt à demander pour les autres.

Bien loin de penser, comme vous semblez l'insinuer,
qu'il convient de subordonner les questions politiques
aux questions religieuses, j'ai toujours exprimé cette
opinion qu'il ne faut pas plus subordonner l'Etat à
l'Eglise que l'Eglise à l'Etat; mais que l'un et l'autre
doit se mouvoir dans la sphère qui lui est propre. Telles
ont été mes déclarations et je n'entends répondre que
des opinions que je professe. Ai-je besoin d'ajouter que
les idées de tolérance sont en quelque sorte traditionnelles
dans ma famille? C'est là un fait bien connu et vous ne
l'ignorez pas. S'il vous plaît d'appeler ces principes du
nom de cléricalisme, libre à vous. Dans ce cas je parta-
gerai cette qualification avec les amis les plus sincères
et les plus éminents de la liberté dans tous les pays.

Il entrait également dans votre tactique, monsieur,
de me proclamer candidat officiel et de mettre en suspicion mon indépendance. Vous ne pouviez ignorer pour-
tant qu'il n'y a pas eu de candidat officiel dans la circonscription de Colmar, que M. le préfet du Haut-Rhin lui-
même l'avait formellement déclaré, déjà lors de ses
tournées de révision; vous n'ignorez pas que la pression

administrative n'a existé sous aucune forme dans mon élection, que mon concurrent a trouvé dans des fonctionnaires, maires ou adjoints, les partisans les plus chauds et les plus actifs de sa candidature, que ses bulletins ont été plus d'une fois distribués avec les cartes d'électeurs ou du moins par les agents municipaux, que lui-même sans avoir jamais été inquiété en rien est resté, en sa qualité de maire d'un centre important, maître de disposer de nombreux et puissants moyens d'action.

Je l'ai déclaré et dans ma profession de foi et dans toutes les réunions électorales, et je le répète, c'est aux électeurs que j'ai demandé mon mandat, c'est d'eux seuls et de ma conscience que j'entends relever, et je n'admets pas que l'on puisse mettre en suspicion un moment mon indépendance.

Quoiqu'il en soit, monsieur, j'avais sujet de croire que, la lutte terminée, notre commune préoccupation serait d'apaiser et de faire oublier des divisions qui ne sont que trop regrettables et qui n'ont plus aucune raison d'être au temps où nous sommes et lorsque la liberté de conscience et la liberté des cultes ne peuvent plus même être menacées. J'avais lieu de croire que tous les esprits s'accorderaient pour reconnaître que c'est une détestable manière de servir la liberté que d'y mêler la haine religieuse. Je vois, monsieur, que vous pensez autrement, et que vous apportez, à perpétuer ces divisions, autant de zèle que vous en avez mis à les faire naître.

Je me demande en vérité quel intérêt vous pousse à dénaturer sciemment mes opinions et à préjuger à l'avance mon attitude à la Chambre, comme s'il vous plaisait de me condamner à y jouer un rôle qu'il vous serait plus facile de dénigrer et de combattre. Je ne puis supposer qu'il entre dans votre pensée de ne respecter les décisions du suffrage universel que lorsqu'il se prononce en votre faveur.

Respectez donc, monsieur, les dix-huit mille et quelques cents électeurs qui m'ont accordé leurs suffrages.

Je ne doute pas que l'équité ne vous fasse un devoir, après m'avoir tant de fois mis en cause, d'insérer ces lignes. Je n'abuserai pas du reste de votre hospitalité, mon dessein est de ne plus intervenir dans ce débat.

Aussi bien me heurterais-je à un véritable parti pris. C'est par des actes désormais que j'espère vous répondre. Heureux si je parviens à désarmer vos préventions. Vous pourriez alors consacrer uniquement au service de la cause libérale les efforts que vous dépensez avec tant de prodigalité pour établir que je ne saurai pas m'y dévouer.

Agréez, monsieur le rédacteur, l'assurance de ma considération très-distinguée,

LÉON LEFÉBURE.

IV.

Catholicisme et jésuitisme.

Où donc en veut venir le *Journal de Colmar* dans les articles qu'il publie sous cette rubrique? L'autre jour déjà tirant gravement de sa poche un écu de 5 fr., son honorable rédacteur s'écriait avec un accent ineffable : « Que Dieu protége la France..... et la préserve des guerres de religion ! » Voici qu'aujourd'hui, pénétrant au « Gesù, » il essaie de voir ce que les jésuites ont fait de la morale

des Pères de l'Eglise. C'est vraiment un « essai, » mais
un essai malheureux et peu propre à rallier au journal
de M. Hartmann les honnêtes gens qui n'aiment pas « les
guerres de religion. » Car, à peu de chose près, c'est là
que vous voulez en venir. Sous le nom de jésuitisme
rendre odieuses des croyances que vous défigurez à plaisir,
décrier les ministres d'une religion que vous ne connais-
sez point, vous arroger le droit d'établir dans le clergé
des catégories qui n'ont jamais existé, appeler bons prêtres ceux qui vous sembleraient partager vos idées (il n'en
existe point, Dieu merci ! dans notre province et vous ne
nous en nommerez pas un qui consentirait à recevoir vos
éloges à ce prix !) injurier les autres, c'est-à-dire notre
clergé tout entier en l'accusant des plus infâmes manœuvres, sans pouvoir en citer une seule, voilà votre tactique.
Et c'est là ce que vous entendez faire, tristes héros d'une
presse anti-religieuse, en entreprenant « cette guerre, la
meilleure, la plus agréable à Dieu ! » Ne joignez pas, du
moins, une impiété révoltante à ces machinations,
« à cette véritable explosion de préjugés et de calom-
« nies. »

Restez chez vous, enfermez-vous dans « ce vaste diocèse de la libre-pensée, » si glorieusement célébré par
votre chef et n'insultez pas, au nom de la liberté, ceux
qui heureusement ne pensent pas comme vous. Nous
connaissons votre « dédain transcendant » imité de M.
Renan, qui, lui aussi, déclare avoir « l'âme pleine de
respect pour toute religion véritable, » en travaillant de
son mieux à la destruction de toute religion positive.
Qu'il s'agisse de « filés, chaine $^{27}/_{29}$ en bobines, qualité
mêlée, ou de trame $^{36}/_{38}$ en canettes, qualité d'Amérique

pur » nous reconnaissons votre compétence, si vous êtes industriel; qu'un avocat

Du digeste ou du code nous ouvre le dédale,

rien de mieux ; que, journaliste, vous attaquiez énergiquement le gouvernement personnel et revendiquiez, avec courage et persévérance, le developpement de nos libertés locales, nous vous applaudirons et nous vous viendrons en aide dans une juste mesure ; mais, que sans mission et sans compétence aucune, vous prétendiez « mettre au jour « le ver qui ronge le catholicisme et avancer l'heure où « on l'écrasera », vous nous inspirez de la pitié et vous n'êtes plus à nos yeux qu'un des infimes ouvriers

De la grande boutique
Encyclopédique !

Est-il rien de plus plaisant, en effet, que ces simulacres de « terreur » dont vous nous donnez le spectacle? « Nous ne nous dissimulons pas, dites-vous, les dangers « de la lutte... Nous avons en ce moment un millier d'a- « bonnés qui comptent sur nous, et sont avec nous et « n'ont pas plus PEUR que nous.... Il est temps que cette « TERREUR cesse ! » Vous nous parlez si souvent de 89 et de 91, que, par une hallucination de votre esprit, il se pourrait parfaitement que vous vous croyiez arrivés en 93; mais, rassurez-vous, trop timide adversaire on ne vous fera pas de mal. Cessez donc de jouer ce rôle de *victime* et de *persécuté* qui contraste si étrangement avec la hauteur de votre ton et avec l'audace de vos agressions.

En vain écrirez-vous sur la morale des Pères de l'Eglise les plus belles choses du monde, en vain l'appellerez-vous « *un édifice construit sur cette pierre angulaire des con-* « *sciences chrétiennes, un cri de l'âme, une force inté-* « *rieure qui porte au bien,* » vos lecteurs, surpris, admireront peut-être cette phraséologie qui vise au sublime, mais bientôt vous les désillusionnerez vous-mêmes, en laissant percer le bout de l'oreille. Grand, en effet, sera leur désappointement quand ils apprendront de vous que cette morale « n'est plus dans la théorie et la pratique de certains prêtres qu'une science infernale. » Ils se demanderont avec stupeur quels sont donc ces prêtres et quelle est cette science infernale. Et se rappelant l'échec du maire de Munster aux dernières élections, ils n'auront aucune peine à comprendre. *Intelligenti pauca.* C'est le spectre noir qui trouble son esprit ; c'est le cauchemar clérical dont il est oppressé.

Pauvres jésuites, c'est vous qui en êtes la cause. Pourquoi donc « l'Eglise vous a-t-elle abandonné la direction « des affaires divines ? » pourquoi « Pie IX, un doux et « spirituel vieillard, plein de foi, » a-t-il eu la faiblesse de livrer les clefs de Saint-Pierre au *Gesù* ? » C'était uniquement, croyez-le-bien, pour molester dans la 1ᵉ circonscription du Haut-Rhin la candidature libérale et démocratique de M. Hartmann : c'est évident ! c'est à cause de M. Hartmann que « la direction des affaires humaines « a été abandonnée à de tels artistes. » Et le *Journal de Colmar* en est affligé, et, profondément touché des dangers de la Sainte Eglise, malgré ce « semblant de « renouveau qui lui est rendu un moment *per fas et* « *nefas,* » il en gémit ; car, il entrevoit déjà « dans un « avenir prochain l'Eglise plus languissante que jamais « et atteinte au cœur. » Que vous êtes bon de vous inquiéter d'elle, mélancolique apôtre ; elle a été si ingrate !....

Laissez-nous, du moins, pour calmer vos inquiétudes, vous citer ces vers de La Fontaine :

Votre crainte part d'un bon naturel;
Mais quittez ce souci....

L'Eglise se sauvera sans vous.

(*Alsace* du 28 juin 1869.)

V.

Le jésuitisme et Mgr. l'évêque de Strasbourg.

M. Blaise a sa *marotte* : il n'en démord pas. Hier il attaquait la *morale des Jésuites* qu'il croyait découvrir dans les *Provinciales*. Nous lui avons répondu qu'il n'était point loyal d'appeler de ce nom les erreurs de quelques casuistes, erreurs condamnées par le Saint-Siége et répudiées dès lors par tous les catholiques jésuites ou non, libéraux ou non libéraux.

M. Blaise n'en continue pas moins son office de sacristain et prétend nettoyer l'Eglise de toutes les souillures qui offusquent son regard et qui blessent la candide pureté de son âme. Quel gré nous lui devons savoir de ce dévouement! Et ne devons-nous pas nous attendre à le voir tôt ou tard récompensé par l'obtention d'un diplôme de docteur?

La congrégation de l'*Index* le choque et lui paraît être une des causes *d'abétissement* et de *compression* des ultramontains. Mais s'il n'est point permis à l'Eglise de censurer les livres dont la doctrine est mauvaise ou du moins erronée, il est quelqu'un à qui ce devoir incombe et qui dans l'exercice de ses droits jouit d'une infaillibilité suprême, et ce grave personnage, cet oracle divinement inspiré, c'est lui, c'est M. Blaise.

C'est lui qui signalera aux fidèles les doctrines dont ils doivent se défier, c'est lui qui jugera et condamnera les théologiens, c'est lui qui enseignera les évêques, c'est lui qui décidera quels sont les bons prêtres et quels sont les mauvais pasteurs des âmes. Heureux encore les évêques coupables d'ignorance théologique, quand il voudra bien admettre en leur faveur les circonstances atténuantes de « surprise » comme il vient de le faire pour Mgr. l'évêque de Strasbourg, dans le *Journal de Colmar* du 1er juillet.

Nous y lisons en effet le passage suivant que nous croyons devoir reproduire en entier.

« Un petit livre est là sous nos yeux, rédigé par de-
« mandes et par réponses, un abrégé, d'un plus gros ou-
« vrage. Au chapitre *De la Morale,* nous y lisons ce qui
« suit :

D. Comment doivent se conduire ceux qui ont la conscience scrupuleuse.

R. Ils ne doivent point agir contre leur conscience, parce qu'il n'est jamais permis de faire ce que l'on croit être mauvais ; mais ils doivent d'après l'avis d'un confesseur sage et éclairé déposer leurs scrupules et se faire une conscience moralement certaine que, non-seulement, ils ne péchent pas en agissant d'après ses ordres, contre leurs vaines craintes, mais qu'ils font même des actes de vertu.

« Tout l'esprit du jésuitisme est incarné dans ce con-
« fesseur qui a mission d'émousser les consciences scru-
« puleuses et de faire croire audacieusement aux bonnes
« âmes qu'elles deviennent plus vertueuses en se démo-
« ralisant. Nous ferons d'autres emprunts au petit livre

« dont il s'agit. Son titre est : *Abrégé en forme de caté-*
« *chisme du cours complet d'instruction chrétienne, à*
« *l'usage des catéchismes et des écoles chrétiennes, par*
« L.-P. MAROTTE, *vicaire général de Mgr. l'évêque de*
« *Verdun. Paris, A. Bray, 1866.* Il porte en tête une ap-
« probation de l'évêque de Verdun où il est dit que : « la
« doctrine qu'il contient, passera, par la mémoire, dans
« les jeunes intelligences, et s'y fixera, comme un fonde-
« ment solide, pour toute la vie. » On a réussi, sans doute
« par surprise, à obtenir aussi de l'évêque de Strasbourg
« une lettre exprimant le vœu que le livre de l'abbé Marotte
« se répande dans les familles et elle figure aussi en tête
« du volume. »

(Journal de Colmar, 1er juillet.)

Rassurez-vous, scrupuleux lecteur, la doctrine de M. le
vicaire général de Verdun n'est pas aussi entachée de
«jésuitisme» que vous voulez bien le dire. Il n'est pas un
seul théologien qui sur cette question soit d'un avis dif-
férent. Nous pourrions vous citer la morale diocésaine,
mais nous préférons, connaissant vos sympathies, ex-
traire notre réponse de la *Théologie morale de Mgr
Gousset* « feu le dernier archevêque du Reims qui n'a
jamais souffert de jésuites dans son diocèse » (ce dont
vous le «louez» à tort, ce nous semble, car le fait est
inexact).

Voici comment, s'exprime au sujet de la conscience
scrupuleuse, l'éminent cardinal :

« La conscience *scrupuleuse* est celle qui par une vaine
« appréhension regarde comme défendu ce qui est per-
« mis . . . . Celui qui est sujet aux scrupules ne doit
« point agir contre sa conscience : mais il peut, il doit

« même agir contre ses scrupules, *en s'en rapportant* EN
« TOUT aux avis de son directeur. »

(*Théologie morale de Mgr. Gousset*, tome I, page 29).

Etes-vous satisfait, M. Blaise, et croyez-vous encore
nécessaire, pour justifier Mgr de Strasbourg, de lui faire
l'injure de supposer qu'il approuve et recommande des
ouvrages de théologie, « par surprise, » sans les avoir
lus?   (*Alsace* du 4 juillet 1869.)

NOTE DES ÉDITEURS

Nous avons cru bien faire , en reproduisant à la fin de ce volume quelques articles de polémique publiés dans l'ALSACE par M. l'abbé Guthlin ou par ses amis. Faible écho de nos longues querelles électorales, ce supplément qui ne se rapporte qu'indirectement au sujet traité par l'auteur, servira du moins à faire connaître la variété des attaques auxquelles les catholiques de notre province ont été en butte pendant cette mémorable période. Le lecteur comprendra facilement comment l'auteur a été amené à affirmer ses principes et ses croyances politiques ou religieuses, quand il aura vu de quelle étrange manière nos ennemis savent travestir, pour les rendre odieuses , les doctrines les plus modérées.

TABLE DES MATIÈRES

www.ingramcontent.com/pod-product-compliance
Lightning Source LLC
Chambersburg PA
CBHW052049270326
41931CB00012B/2697